設計概念為本的英語文課程

符合課綱標準與智識整全性

洛薏絲‧蘭寧（Lois A. Lanning）——著

劉恆昌、李憶慈、李丕寧——譯

Designing a
Concept-Based Curriculum
for English Language Arts

MEETING THE COMMON CORE

WITH INTELLECTUAL INTEGRITY, K–12

Lois A. Lanning

Foreword by H. Lynn Erickson

緬懷我的雙親

In memory of my parents.

目次
CONTENTS

PART
I 籌劃課程設計   001

CHAPTER 01
課程攸關教與學的成敗   003

CHAPTER 02
概念為本英語文課程的要素   011

CHAPTER 03
啟程：進行前置作業   029

圖表目次 CONTENTS

CHAPTER

02

CHAPTER

03

表

CHAPTER

04

CHAPTER

05

關於作者

　　洛薏絲・蘭寧（Lois A. Lanning）博士，獨立教育顧問與副教授。曾任現場教師、K-12 閱讀顧問、小學校長、學區行政主管等。身為琳恩・艾瑞克森博士（Dr. Lynn Erickson）授證的概念為本課程專家，蘭寧博士在學區層級進行讀寫素養與概念為本的課程設計分享與合作。她的另外一本著作是
《解救三到八年級閱讀困難者的四個有效策略：幫助理解的小團體教學》（*Four Powerful Strategies for Struggling Readers, Grades 3-8: Small Group Instruction that Improves Comprehension,* 2009）。

　　蘭寧博士跟琳恩・艾瑞克森博士的合作始於 1995 年，她們相遇於一場研討會，並立即建立個人與專業的連結。退休前，她們二人各自或共同在全球各地對教師推廣概念為本的課程設計。此外，在領導各學科領域資質優異的教師開發概念為本課程的過程中，蘭寧博士所獲得廣博的實務經驗增強了她對概念為本模式的熱忱與承諾。蘭寧博士在學區教育局的十年工作經驗中，留下許多改變傳統課程所遭遇的挑戰，以及最終運用概念為本的設計強化學習成就、重燃學生學習喜悅的故事。

關於譯者

劉恆昌

　　曾任公立國高中代課教師，現任職濯亞國際學院實驗教育機構。進入教育場域之前，歷經台灣松下、渣打銀行、奧美廣告、KPMG、友訊科技及 Resources Global Professionals 台灣總經理等歷練。他在這些以人為核心的工作經驗中，自省而發現學校教育對思考、溝通、協作、領導，以及態度、情緒與自我調節等悠長人生所需能力的培養不足，因而投入國民教育，致力於課程設計並轉化學生的學習歷程，引領學生思考、反思而對知識與技能獲得深入理解以利學習遷移；同時在協作中進行學習任務以涵養溝通、領導、自我調節、內在動機、恆毅力等非認知素養。

　　為了追求教育改善的夢想，恆昌於天命之年修得國立臺灣師範大學教育學博士，並取得「概念為本課程與教學獨立講師與培訓師」認證，經常為各級教師開設工作坊與培訓課程。在此之前，他擁有紐約市立大學柏魯克（Baruch）學院企管碩士以及國立成功大學企管學士學位，同時也是一位美國註冊會計師。

李憶慈

　　曾任國中教師四年，目前擔任台北市中正高中教師。在黑板粉筆與手寫考卷出題的年代開始教學生涯。從初任教師只擔心「教什麼」、「怎麼教」，一路摸索到「學生該學會什麼？如何學會？」，中間經歷了幾次台灣教育史上的變革，是一段奇幻旅程。

　　2017 年有幸加入愛思客團隊，在國立臺灣師範大學陳佩英教授的指導與

同儕共學的陪伴下，探索許多未曾接觸的研究與領域，過程中常有相見恨晚的憾恨，總想「要是我能早點知道這些，那就能帶給更多學生更好的學習經驗」。為此，特別感謝恆昌老師邀我共同翻譯本書，期望更多的老師能透過閱讀而有新的學習與發現，在教學的路上攜手前進，讓更多的孩子學得更好。

李不寧

　　生長在三代女性校長之家，自小接觸教育人。臺中女中畢業離台之後，走遊於不同國家的文化和教育制度，對社會脈絡、經驗互動和「人」的形塑深感好奇。1980 年代在加拿大遇見建構教學理論和 IB 課程，深深著迷，並於 1996 年引薦加拿大不列顛哥倫比亞省教育局的 IB 課程至台灣教育部，可惜未被接納。

　　2014 年創辦濯亞國際學院實驗教育機構，擔任校長。濯亞參考哈佛零點計畫（Project Zero），以板橋版國語科及芬蘭數學科兩大學科課本為經緯，編織濯亞校本課程設計，期待建立一所教師、學生和家長都是學習者的慎思練習（deliberate practice）學校。

　　2018 年受劉恆昌博士的鼓勵，接受由艾瑞克森博士與蘭寧博士主持的概念為本課程和教學的培訓，取得「概念為本課程與教學獨立講師與培訓師」認證。目前積極培育校內及校外教師參與概念為本課程設計，期待藉由精進概念為本的課程研發及教學，能夠對 108 素養導向課綱及 OECD 2030 幸福導向的教育目標，找到可行之路徑。

　　不寧是三個孩子（其中兩位是 IB 學生）的母親，曾擔任教育管理公司負責人、溫哥華 Magee 高中課程委員並任職加拿大航空。她擁有三張碩士畢業證書，目前是國立臺灣師範大學教育研究所「課程設計及教學教法」博士候選人。

前　奏

如果你是教師、校長、課程領導者或教學輔導教師，歡迎加入這場為教育人員準備的盛宴。

洛薏絲‧蘭寧的著作《設計概念為本的英語文課程》是當前市面上相關領域中，思慮最先進的劃時代課程設計與教學處方。我這樣講有三大理由：

1. 多數英語文教學書籍的首要重點聚焦於教導書本的「主旨」（themes），而歷程、技能與教學策略的培養似乎退居次要位置。

2. 教師想要運用小說與非小說等多元教材提供學生學習，但學區課綱過度要求個別學習單元必須使用特定文本或書單。

3. 英語文課程大多持續由書本標題或技能目標主導，因而學生未能達到深刻的概念性理解，也沒有遷移知識的能力。

洛薏絲在本書中逐步闡述如何設計**概念為本**的英語文單元以緩解上述問題，並藉以進行超越個別文學作品主旨的教學。教師學到如何設計聚焦於對內容、歷程、策略與技能產生概念性理解的課程單元，使學生能夠跨越多元文學教材與文類而遷移所學。因為歷程、策略與技能可以廣泛運用於各種類型的文本教材，所以教材不是教學的終點，而是從概念層級深入理解**為什麼**要教導與學習這些歷程、技能與策略的工具。

如果課程不以概念為基礎，我們容易傾向於漫不經心的「教完」內容與技能目標——在動詞、主題或技能檢核表上逐項打勾，自覺即將「上完課程」而心滿意足。但這種過時的模式有個重大問題——我們「臆測」學生已經對所學獲得概念性理解；四十年的經驗清楚告訴我不能這樣假設！如果我們希望學生記得學了什麼並將所學知識遷移到新情境，我們必須教他們懂得事實和歷程之

間的關係，以及概念層級的知識和理解；我們必須提供讓學生在學習任務中對總括性通則或原理建立理解的教學。如果我們希望學生對自己的理解做出令人信服的解釋，學生需要在學校逐年升級的過程中發展各學科的概念性語言。《設計概念為本的英語文課程》不只讓教師看到語文單元設計的詳細規畫、支撐超越零散獨立技能列表的教學，也清楚說明為什麼課程與教學必須從「臆測學生的理解」轉移到「以理解為**目的**」而教。

　　教師最大的驚喜之一，是學生在先前學習中受到影響而走向教學之路。當我看到洛薏絲運用我的教學並將其發揚光大，在她擅長的英語文領域創造屬於她個人特有的教學法時，我深深感受到那種悸動。十七年前，洛薏絲來參加我主辦的工作坊，她在工作坊結束後走向我；我感受到她對概念為本課程與教學的「旺盛企圖心」。那場工作坊開啟了延續至今的夥伴關係與友情。如果你曾在生涯中有過心有靈犀的夥伴──可以分享複雜想法，而且無須解釋就能夠延伸你的想法──那你一定懂我的意思。

　　在此我要藉機自白。當初遇到洛薏絲時，我並不認為歷程中存有「概念」。事實上，我在早期著作中還（錯誤的）寫過「概念只存在於內容中──不存在於技能與歷程中」，但洛薏絲一直輕柔的促動我重新考慮這個立場，我終於發現她完全正確──歷程中**真的**有概念，而且，如果希望學生將來能夠在不同情境中遷移課程標準的目標，他們必須瞭解英語文課程標準中的那些概念性關係。

　　令我特別興奮的是，洛薏絲融會所學，將想法發展成這本真正打破課程設計窠臼的著作。你將會愛上她繪製的歷程性結構圖，那平衡了我書中的知識性結構圖。老實講，我在嘗試解釋如何將概念為本的課程應用到英語文領域時，一直覺得不對勁；除了研究主題式小說的內容，我的知識性結構圖就是講不清楚如何適用於英語文，我知道一定有問題。我們都何其幸運──洛薏絲·蘭寧撰寫了這本對英語文學科有著重要貢獻的著作！她是我學生中的巨星、才華洋溢的同事，同時也是我的摯友。我相信你會享受她的思想與教學。

　　　　　　　　　　　　　　　琳恩·艾瑞克森（H. Lynn Erickson）

作者序

有幾件事激發我撰寫這本書。首先，我相信優質課程的價值。在我長期的公校教育生涯中，我目睹缺乏通用而有益的書面文件來引導教師教學所導致的負面影響；其次，我想接受這樣的挑戰——能夠解釋優質課程設計歷程，並在其中簡潔的反映人類學習理論之挑戰；最後，我醉心於學習歷程，期盼延伸我的思維並測試我的理解——撰寫本書無疑的達到了這個目的！

寫一本書所經歷的諸多試煉與艱辛，堪可比擬設計卓越的課程。撰寫課程需要時間、耐心、毅力與思考，這對尋求應急速解的人來說當然不是個好消息，但矢志於持續改善教與學的教育工作者，則會認定課程是首要的投資。

寫這本書的目的是分享琳恩·艾瑞克森所建立、已經使全球數以千計教師脫胎換骨的強大課程設計；並量身打造成英語文學科專屬的課程設計。

本書遵循艾瑞克森的理念為基礎，進而解釋如何將這些理念實現於歷程導向的學科。因為我的教育生涯主要扎根於讀寫素養（literacy），我花了大量時間與盡心盡力的夥伴共同思考概念為本的課程設計在英語文中可能的風貌，這些課程設計的結果都呈現在本書中，而且備受肯定。

本書的目標不只要分享概念為本英語文課程設計的細緻差異，還要讓讀者理解課程如何支撐教學以促進學習的遷移——一個重要但通常難以企及的教學目標。

即便本書主要對象為英語文課程撰寫者，但聽過我發表這套課程設計的其他領域教師，尤其外語（world language）教師，告訴我這套設計在他們的學科完全可行。這兩種以語言為基礎的學科極為相似，但不幸的是，許多人仍然認為學習第二語言僅是記憶與練習的過程，卻不明白概念性理解可以支持學習的留存與遷移。最後，本書也適合行政人員與教學領導教師，他們需要瞭解概念

為本的課程元素，才能夠對課程實施提供適切而必要的支持。

　　以下概述本書內容：

　　第一章始於討論**課程**（curriculum）這個術語以及為什麼課程那麼重要，最後說明了概念為本課程設計的原理（Erickson, 2007, 2008）。

　　第二章從傳統英語文課程與概念為本課程的比較開始，深入探索概念為本英語文課程的原理。此外，第二章指出知識性結構與歷程性結構的區別。琳恩‧艾瑞克森開創性的概念為本著作顯示，扣合人們如何學習的知識進行課程設計，是促進學生主動建構理解的第一步。在知識與歷程的等式中，艾瑞克森的研究聚焦於知識面，本書則將艾瑞克森的原則擴充到對**歷程**（processes）的考量。歷程有助於調節新知識與理解的建構，並在語言和溝通中扮演特別重要的角色。第二章的說明有助於進一步解釋知識與歷程之間的交互作用，藉由定義與再定義概念為本課程的重要術語，對於幫助讀者瞭解接下來各章格外重要。沒有這些基礎，讀者很容易在不熟悉的術語中迷失。第二章最後強調了概念為本課程設計最值得注意的一些支持理論。

　　面對我們認為會在認知上耗費精力又需花時間消化的工作時，我們之中有許多人喜歡「趕快開始」──越早開始越快到達終點。第三章則提出警告：課程發展不是這麼回事！課程發展雜亂棘手又有許多組成要素，就改變教學與學生學習而言，想要收割優質課程的收穫，就必須花時間建立基礎以為將來的課程任務提供適切的承載能力。

　　為了建立概念為本英語文課程的設計能力，第四章到第八章提供了必要的明確指導。我們用很多實例並一路穿插建議以解釋每個步驟背後的思維，這些步驟包括如何將英語文學科各州共同核心標準運用於概念為本課程。這幾章是本書的精髓。

　　第九章從不同學區與年級中選取示範單元範例，這些範例幫助讀者把所有的步驟整合在一起變成相互連結的整體。此外，範例也可以作為運用本書進入課程設計者思維的起始點。

最後，第十章描繪了多年來我有機會共事的多位傑出專家的部分「心聲」，希望他們的故事提供典範，並為其他人在這條豐碩且獲益匪淺的道路上指引方向。

為什麼要選用本書而捨棄市面上其他的課程設計書籍？我相信這本書掌握了概念為本模式的精華，並因應英語文這個全方位且重要的領域需求量身訂製。當你閱讀以下各章節時，伴隨著使師生願景成真的堅定信念，我希望對所有課程的新願景即將開始萌生。

謝辭

撰寫課程是重要且需要投入大量資源的教師專業成長活動，正因如此，學區領導人把課程撰寫「處理好」格外重要。儘管我在職業生涯中通過了多次課程撰寫考驗，但直到我發現琳恩・艾瑞克森的著作，我才充分掌握了課程設計的所有重要元素。

1995 年我在麻州一個研討會中初遇琳恩，她所分享的概念為本課程觸發了我的「啊哈」時刻，我的心思當下開始神馳於教與學的潛在可能性。隨後我聯繫琳恩造訪我的學區，我們同儕與摯友的旅程於焉展開。

我和琳恩至今已經密切合作多年，共同致力於協助教育工作者瞭解概念為本課程與教學的威力，她深邃的洞見與儷人的想法持續引出我的最佳思考與實作，我永遠感恩我們生命的軌跡交會。

致繁體中文版讀者

為什麼用這本書？

如果我們把課程與教學的目的變成培育自信、勝任、反思的獨立閱讀者、寫作者、觀看者、講者與研究者時，我們就看得出來為什麼傳統的讀寫學習方法會失敗。《設計概念為本的英語文課程》讓讀者看到如何運用概念為本課程的原則與美國英語文共同核心標準（或其他國家的課綱標準）作為建立可行、適切、高品質課程的基礎，進而幫助學生為將來的成功做好準備。

在市面上既有的課程設計相關書籍中，我認為琳恩・艾瑞克森博士（Dr. Lynn Erickson）的著作是其中的佼佼者。琳恩和我密切合作，共同構思概念為本課程與教學（CBCI）的設計模式已經超過二十五年。

艾瑞克森博士原創的概念為本設計聚焦於知識性學科，例如數學、科學、社會領域等知識性學科是圍繞著特定內容為中心建構；而我的讀寫學習背景促使我思考歷程性學科會如何不同，例如語文、外語、藝術與音樂等歷程性學科是圍繞著各學科特定的歷程、策略與技能學習而建構。

隨著概念為本課程與教學的進化，我們越來越清楚歷程主導的學科需要更多關注，因為知識性結構不足以代表這些學科，在課程與教學設計中也看不出知識性結構與歷程性結構如何搭配。知識性結構和歷程性結構相輔相成之下，終於共同界定了概念為本課程與教學的模式。

市面上絕大多數概念性課程書籍與教材屬於適用各學科的通用設計。各學科中都有固有的知識與歷程學習目標，但知識導向和歷程導向學科的概念架構不同，而在多數課程資源中通常沒有討論或舉例說明英語文的概念，因此歷程導向如英語文的學科本質不容易適用於知識性概念模板。故本書特別為設計英

語文的概念為本課程量身訂做，也可同時適用於其他歷程導向的學科。

　　讀寫素養太容易被教成反覆練習策略、技能與歷程的一套表單，卻沒有審慎瞭解表單內容「為何」與「如何」支持學習。在多數超學科課程單元中，讀寫學習退居內容學習之下的次要角色；同時，在教師或課本掌控下，讀寫學習通常塞滿欠缺連結的記憶，許多學生從未發展出語文如何運作的概念性理解，因此學習無法遷移。這樣一來，重教成為必然，學習變得枯燥而痛苦。

　　《設計概念為本的英語文課程》非常適合學區與學校課程領導者以及期望改變傳統讀寫學習模式的教師。本書逐步解釋歷程性結構，可使更多學生的讀寫學習依循概念為本模式，達致對英語文關鍵、可遷移想法的理解。

洛薏絲・蘭寧（Lois A. Lanning）

2022 年 7 月

中文版推薦文

我們再次共備吧，一起攜手開創教學邊境

　　台灣實施 108 課綱之後，對於教師最大的挑戰莫過於與人合作開發素養導向課程與教學，以及學校段考的素養命題和課程的實作評量。三年之後，教師們發現，受到衝擊的不只是跨領域的課程與教學設計，也包含單科領域的素養教學，尤其是語文領域。繼《創造思考的教室》以及《概念為本的探究實作》兩本跨領域課程設計的譯書出版之後，由劉恆昌、李憶慈與李丕寧合譯的洛薏絲・蘭寧博士（Lois A. Lanning）所著《設計概念為本的英語文課程》一書將於 2022 年出版，可作為語文教學的參考資料。語文領域教師在研發與轉化素養課程與教學之時可隨時翻閱本書，並有機會暢通理論與實務的教學實踐與省思；若能組成社群共同研討，將台灣課綱脈絡納入對話與轉化，可大大提升國內語文教育的素養教學品質，以及學生深入語文理解與表現的學習機會。

　　與台灣教育改革脈絡相近的是，原書作者蘭寧博士在撰寫此書之時，也是美國語文教師面對跨州共同核心標準（Common Core State Standards）之課程改革衝擊的時刻，蘭寧博士此書適時提供了能朝向發展重理解、概念為本與探究導向的教學實踐。

　　美國跨州共同核心標準於 2009 年由各州州長組織的教育主管組成之中心制定而來，目的是完備一套高質量的數學、語言識讀之學科標準。美國教育本由州政府管轄，但因為美國教育的表現績效長期不符社會期待，尤其學生的 PISA 閱讀表現自 2000 年起便不如預期（參見下頁表）。跨州共同核心標準制定的目的，也是為了提振教育、增強學生能力，以面對 21 世紀的生存與發展的挑戰。

年	參與國數	排名	PISA 分數
2000	41	16	504
2003	40	29	477
2009	65	17	500
2012	65	24	498
2015	72	24	497
2018	78	14	505

　　跨州共同核心標準確立之後，美國閱讀理解測驗表現到了 2018 年似乎開始有了起色。州政府在設定這套標準框架時，是希望立基於研究和證據，擬定的標準是清晰、可理解和一致，並能符合大學和職業期望，期待學生學到嚴謹內容和高階思維技能應用的知識；這套標準框架結合了各州發展基礎與標準的優勢，並借鏡於表現較佳的國家等。

　　由此得知，課程標準框架是集結教師、學校負責人、行政人員和其他專家之間的努力，為教育工作者提供一個清晰與一致的框架，共同引導學生學習，期使在年級結束時清楚該學會的知識與技能，以便確保所有學生從高中畢業時都具備在大學、職業和生活中取得成功所需的技能和知識。本書作者於第三章「啟程：進行前置作業」內容中，便提供學區與學校明確的指引，建議學校組成全校性的課程領導團隊，進行整體課程地圖、教學藍圖與學習單元地圖的規劃與準備，以使語文教師發展各年段課程進度時，能與共同核心標準和學校願景相扣合。這部分即為本書的特性之一。

　　此外，除了依據政府標準框架與學區政策指引，學校課程領導團隊需能帶領教師繪製課程地圖，引導語文教師按圖索驥，有系統的、有步驟的思考語文的知識性結構與歷程性結構。語文教師在掌握原則原理之後，於課程設計之時即能在知識內容與語文技能之間，以概念透鏡為經、教學策略為緯，幫助教師發展教學單元之時，能夠設計出開展探索與思考的學習活動與回饋方式，激發學生沉浸於文本的對話、挖深理解，進而發展批判性思考、評析和創意寫作的語文能力。

　　概念為本的學習活動設計涉及探究、組織、分析、歸納、評價與綜整之內容學習，但也在聽說讀寫的技能上經由策略引導，更能進行後設認知的學習。此過程藉由提問探索與同儕互動的學習設計，以及知識性內容、歷程性學習的通則建立，幫助學生在學習之後可於不同情境中進行遷移。因此，教師首要需掌握語文教學設計的結構與十個步驟，與同儕一起共備，進行文本教學的分析與目標設定，再藉由表單的設計要素指引，步步為營，串接學習目標、教學方法、活動規劃、資源引進，與評量輔助等，讓語文教學不再僅依賴教師主觀的偏好，而是鑲嵌在課程領導的實踐，和教師社群的專業研討，進而深耕教師重視理解的課程設計與教學判斷的能力。

　　搭配《創造思考的教室》與《概念為本的探究實作》兩本書，老師可從本書「創建單元網絡」章節中，利用語文教學的歷程結構——「瞭解文本、反應文本、評析文本、生成文本」四個面向架構，為學生設計聽說讀寫的開放性、多元性、多視角與具層次的完整學習經驗，進行文本的深度對話和探索，開拓創意與表達的多種可能性，進而能與生活有更好的連結和意義的詮釋，同時豐富個人對世界與生命的體會。

　　因著老師們的攜手開創語文教學邊境，語文識讀教育不再只是為了升學考試，而是開拓新世代生活與生命的體驗、打開年輕人認識世界的視角、提升他們投身未來的跨界想像。

　　三位譯者忠於原文語意之時，也多方斟酌轉譯的理解，同時提供重要關鍵字原文做為對照，讓譯文也能和台灣教學實踐脈絡相通，更有助於教師對語文教學的跨文化理解和在實務的上轉譯。很期待此書能再次帶動教師共學與探究的風潮，為台灣課綱轉化繼續加油，同時可以深化台灣語文教育的思維與實踐，並與國際概念為本探究為要的創新教學運動持續連結，開拓語文教學跨域與跨界創新的無限可能。

國立臺灣師範大學教育學系教授　陳佩英

2022 年 7 月 17 日

推薦語

語文專家的推薦：

2018 年的《創造思考的教室：概念為本的課程與教學》幫助現場老師找到實踐素養教學的方法，而本書《設計概念為本的英語文課程》則手把手的帶著語文科老師發展概念性理解的語文課程。作者提供的教學設計工具可幫助語文科老師深度解釋課程綱要的精髓，讓文本的寫作者、閱讀者、聆聽者、觀看者的聲音都能在語文課堂中被聽到，被理解，被融合而成豐美的知識樂章。

蔡曉楓── 國家教育研究院副研究員

國文教師的推薦：

筆者相信，概念為本的語文課程值得我們用心借鑑。

從「九年一貫課程綱要」到「十二年國民基本教育課程綱要」，國語文領綱在學科內涵表述上最核心的變化（也是進化）就是提出「文本」取代之前的「篇章」或者「作品」。使用「文本」而不是「篇章」，意味著多元文本（文字、圖像、影音、展演等各類有意義的符號）更有可能成為教室內豐富的教學資源；使用「文本」而不是「作品」，暗示著閱讀的意義更可能在閱讀經驗中向讀者開放，而不總是尋求由作者或課本編輯決定的，那些權威、特指而固定的解釋。

與十二年國教課綱相比，概念為本的課程並非使用「學習內容」（通常用名詞表述，多屬於陳述性的知識）與「學習表現」（通常用動詞表述，多屬於歷程性的知識）的架構，而是提出了瞭解、反應、評析、生成四條支線作為語文學科各種歷程之間整合與密切關聯的基礎。

依據概念為本的課程思維與架構，「知識性結構」（學習內容、知識）與「歷程性結構」（學習表現、技能）的課程要素必須整合，而且依靠支線組織起單元網絡中的主題、次概念、單元標題、概念透鏡，用簡潔而有說服力的表達方式呈現學科標準所期許的能力：在這個開放的界域中，所有的文本與生成時空脈絡、讀者的生命經驗、前後的各式文本之間交織成一個多元而繁複的互動網絡，提供意義流動、生成、轉化。這就是「文本」的作用與力量。

　　筆者希望指出，概念為本課程中的「文本」居於教學關鍵位置。「文本」整合了學習的知識與歷程，是促使學習經驗發生的重要媒介。之所以沒有大張旗鼓的強調「文本」概念，是因為那已經成為他們語文教學的共同知識了。

　　換個位置來談，台灣國文教師長久以來習慣教「課本」與「課文」，背後其實隱藏著負荷過重的預設，來自作者、編者、教師，以及升學考試，相對來說忽略了讀者與現實脈絡。一旦「文本」概念輸入課堂，期待能夠激活教學，連結生活情境的真實文本，整合「學習內容」與「學習表現」，引導學生與文本對話，又兼及知識、能力、態度與後設認知。最後，有效而可行的達成素養導向的國文教學。

吳昌政——台北市建國中學國文教師

　　「以概念為本」的教學是近年台灣教育界熱門話題之一，尤因我國推行十二年國教後，期望倡導透過各學科領域「核心素養」教學，培育青年學子具備帶著走的能力，使得教學現場的教師們面對這場澈底翻轉傳統教育的改革，雖有著殷切期許與熱忱，亦有著無所適從的陌生感。借助「以概念為本」的教學以建構新世代課程，成為教師適應教學新藍海的選擇之一。

　　在各學科領域中，國語文教學所面臨的挑戰最劇，其中最為困難的，即是教材及教學法的革新，使原本偏重於背誦記憶課程的主軸，轉移為培養結合生活化、情境化、脈絡化，並能於生活中應用理解及賞析的能力。對於這樣的轉變，現場教師除了參與各級教育單位辦理之相關課程研習外，僅能參考不甚充裕的資料進行課程改革，辛苦異常。

　　如何快速並有效的達成這場近年台灣教育最大變革的目標？國際文憑課程（International Baccalaureate, IB）或許可以是「他山之石，可以攻錯」的範例。IB近十年的課程發展核心，即是「以概念為本」的教育實踐：通過各學科領域所設定之核心「概念」開展課程設計，其目的在於提升學生抽象思考能力，深化個人生命經驗與知識的結合，培養批判性思維與主動探究知識的熱情。在可視的教學與評量軌跡中，培育學習者博學審問的研究技能，慎思明辨治學態度，達到學科知識應用與跨領域智識遷移的作用，引導學習者對知識產生新的理解，闡發新的創見。由此可知，IB課程的精神和內涵與我國十二年國教之總體規畫遙相呼應，並有系統的呈現以概念為本的學習如何遂行，足資我國國語文教育改革之借鑑。

　　然而，目前市面上鮮少兼具理論與實務之叢書以供參考，使得以概念為本的教學一直蒙上難窺堂奧的面紗。所幸今有劉恆昌博士領譯洛薏絲‧蘭寧博士《設計概念為本的英語文課程》一書，以深入淺出的講述，簡單扼要的統攝眾多複雜的課程與教學理論，並提供充足的實作教案詳加指引，使教師易於課堂遂行以概念為本的課程。本書雖以探論英語文教學為主軸，但其中富含之智慧，亦適用於各學科領域課程與教學設計，實為不可多得的教育寶典。

蕭士軒──新北市康橋國際學校國文教師

　　從 40 篇、30 篇、很快的來到 15 篇古文，甚至是沒有教科書選文的時代。身為第一線教師的我越來越相信，精熟了再多應試所需的篇章，並不代表一位高中生能具備課綱中所揭櫫的能力；更無法保證，在真實生活中，他有足夠的素養去辨別真假難辨的「真相」，更遑論能以文字建構或捍衛自己的價值理念，以行動保存或創造自己的語言文化。作為語文教師，更期待的是學生們能體會到語文的學習是如此重要。在每一個生命的轉彎處，都能滋養、潤澤著他與他所相遇的一切……。

　　當教師想在有限的課堂中創造出無限的可能，便要避免只停留在事實層次的教學；更要一改過去聽、說、讀、寫各自獨立、斷裂式的課程設計思維。為了找到一條能通往理想又務實的途徑，我跟隨一群教育先進們踏上了對話與追尋之路。從什麼是語文學習的核心、如何具綜效性的學習語文、為什麼要學習語文，更進一步思考當今語文學習的核心概念與取徑究竟為何？要如何才能設計出一套能有效協助學生學習語文概念的課程？

　　在求索過程中，我接觸到「以概念為本」的學習，繼而閱讀了這本《設計概念為本的英語文課程》的原文書──蘭寧博士的著作指引了一條脈絡清晰的道路！作者連結了知識性結構與歷程性結構，整全了語文課程設計的關鍵要素，以明確步驟引導讀者建構課程，並呈現以概念為本的語文課程面貌。這讓讀者得以按圖索驥，完成適合自己的課程設計，也使得藍圖不再只是紙上想像，而能真實的在課堂中實現。

鄭毓瓊──台北市育成高中國文教師

　　面對語文課本，身為教師的我們是否曾感到疑惑？每一個版本的課文編選不盡相同，課次順序也莫衷一是，那麼究竟我們在利用這樣的教科書進行文本教學時，是否能確實教會學生該具備的知識、技能與態度呢？

　　而當我們在教授某一單元前，教師心中所浮現的：該單元應該要「教會」學生的是什麼？是該單元作者的生平背景，還是文本內容知識，抑或是該文本出處或作者在文學史上的重要性？面對這些問題，或許我們該先思考，身為教師的我們是否能教完學生該學習的所有文本？

　　由現今大型入學測驗──不論是會考、學測、統測──我們都不難發現，考試題目已不再全部從教科書文本出題，那麼教師帶領學生「精熟文本知識」的目的性與意義性又在哪裡？

　　在您閱讀完本書之後，相信對於這些問題都能有明確的解答。本書的作者提示「文本更應該被用來作為練習英語文必要素養的『載具』，而不是學習的主要焦點」，亦即我們在課堂中該教會學生的是「學習如何學習」、「理解如何理解」的內容與歷程，並運用書中提到的「瞭解文本、反應文本、評析文本、生成文本」四個層面，帶領學生從讀到寫、從文本的閱讀者進而成為文本的創作者。

　　換言之，如果缺乏概念性的理解，學生永遠不會嘗試思考、表現出他們真正的理解。在概念為本的課程設計中，身為教師的挑戰來自於教師自身能否思考自己學科的課程地圖脈絡性，以及從中建構出課堂教學的目的與意義性，而非全然依靠書商教科書的文本內容。

　　在布魯姆新版分類法中重視「知識」與「歷程」兩個向度，這也是本書關切的重點；對於 108 課綱有所研究的教師應該也不難發現，即使稱呼名稱不同，但實際上這就是課綱的「學習內容」與「學習表現」。經由本書的指引，教師能透過從單元主題中分析出來的概念，進一步思考概念與概念之間的關係，將概念結合成可遷移理解的陳述（亦即通則），那麼單元的學習目標也就清晰可見，並能顯示出事實知識與歷程技能的重要性。

　　此書，正為教師們揭示教學前備課的重要歷程，是教學現場中常備的參考指引。

羅嘉文──台北市內湖高工國文教師

　　什麼是國語文學科最值得學習的內容？什麼是學生目前需要具備的國語文能力？什麼是學生可從國語文的學習遷移到未來人生中的學習？教師如何在有限的時間內幫助學生掌握語文學科核心概念，並能兼顧課綱、教科書與課外讀物而設計出可遷移的語文學習課程？

　　《設計概念為本的英語文課程》一書，能幫助語文類科教師釐清上述的疑惑，探究不同任教階段裡學生的學科內容與表現。在聽、說、讀、寫、觀看與發表的語文溝通歷程裡，藉由概念透鏡協助學生深入瞭解文本、反應文本、評析文本和生成文本的四條網絡支線；讓學生在事例、示範與提問中，逐步組織、歸納、批判、建構對通則的理解。本書如同食譜般，提供教師規劃學生應該知道的語文內容、理解語文概念與操作語文策略，形塑豐厚的語文能力，是您深化語文教學的必備指引！

林子玉——國立臺北教育大學課程與傳播科技研究所博士候選人
台北市建安國小教師

　　語文認知發展的途徑，仰賴語言和文字的中介，兼涵聽說讀寫的思考。十二年國教國語文課綱重視學生聽說讀寫的學習表現，身為國文教師，我常思考：如何讓學生透過閱讀與對談的交互作用，獲得經驗和知識，促進個體思考而形成概念？如何讓學生真實展現理解，成為精熟讀者與批判讀者？

　　我在《設計概念為本的英語文課程》這本書中，找到了實踐的方針。本書前兩部分詳述「概念為本」的課程要素與設計步驟，第三部分「概念為本課程的樣貌」則提供了小學、國中、高中英語文的單元範例，將單元標題、概念透鏡、單元概述、通則、引導問題、關鍵內容（學生會知道什麼）、主要技能（學生將能夠做什麼），條分縷析，逐一示範，課程樣貌完整可參。對於想要設計「概念為本」的語文課程之教師而言，此書，無疑是促進學生語文探究實作的案頭寶典。

藍淑珠——台北市研究教師暨萬華國中國文教師

　　國中國文教學還能以何種脈絡來帶領學生走出新風貌？我總是這樣思考著。

　　當我閱讀過《創造思考的教室》與《概念為本的探究實作》後，腦海中即浮現我想要設計以概念為本深入探究國文教學的念頭。在因緣際會之下，我運用「以概念為本的小說探究實作教學」為主題設計課程，期待自己能結合眾多國外著名短篇小說和課內小說文本，嘗試著以概念出發的課程設計與實踐。這一段路走

來，我不僅設計出可帶領學生探究學習的課程，也讓我「從做中學」，實際體驗了課程概念「遷移」的魅力！

　　這本《設計概念為本的英語文課程》將會是這一波以概念為本教學的實用力作。當我親身體驗過那一段實際設計教學和實踐的歷程後（如下圖），

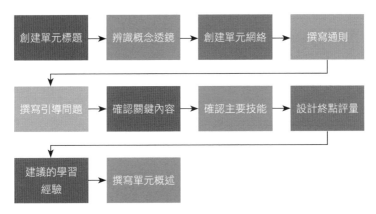

我確信《設計概念為本的英語文課程》絕對是實用且可操作的內容！因為你將能一步一步手把手的學會備課的步驟並遷移到你所任教的科目中，同時得到很多啟發與實用技巧！邀請大家進入此書中，得到更多的概念寶物！

蕭千金──台北市景興國中國文教師

　　為什麼會找一位國文老師來推薦設計概念為本的英語文課程呢？概念為本的課程與教學基本上是在國外實施，而國外的語文教學基本上就是以英語為主，以台灣來說，國語文與英語文同為語文領域，雖然語種不同，但是就學習語言與文學的基本概念來說，並沒有太大的不同；此外，如果以同為學習母語的基本能力來說，以美國一至九年級的英語學習，對應到台灣一到九年級的中文學習，基本上，能力與概念是可以互相參考的，所以我認為概念為本的英語文課程對我們國文領域的老師來說，也非常具有參考價值。

　　這本書除了針對一些相關基本概念的說明外（這一塊建議詳讀《創造思考的教室：概念為本的課程與教學》一書會更清楚），其他章節即一步一步的說明如何設計概念為本的英語文課程，內容非常詳盡且清晰，並有針對不同學習階段的課程設計範本可參考。這些資料都非常珍貴，因為坊間目前針對某個單科仔細說明的概念為本用書並不多，對於概念為本課程設計有興趣的老師，可以參考書中的步驟來思考設計自己的課程。

　　以目前台灣國文領域的教學狀況而言，概念為本的課程設計是一個全新挑戰。因為國文領域的教學是以教科書為主的單文本教學，而概念為本課程設計是以概念為上位，以主題為主軸並輔以不同支線的課程設計，就目前老師們所熟悉的教學方式來說，需要花很多時間轉換，且需要更多的專業討論與成長。本書中所示範的課程設計與教學模式，對於我與許多國文老師針對台灣未來語文教育所思考的問題有很多的啟發。例如目前以單一文本為主的教學，輔以聽說讀寫識字等學習表現，是否能真正教導學生面對未來生活所需要的素養？如同本書中所說，聽說讀寫的能力無法當作單獨的歷程來操作，測驗學生零碎的技能或不經思考的複誦知識也不能提升能力，更無法遷移所學，而是要整合這些能力，並讓學生真正的理解及應用，也能遷移到其他的情境中──這也是我在這些年推廣新課綱並設計國文領域課程中一直著力的目標。

　　此外，我認為英語文領域或國文領域的老師如果有設計彈性學習課程的需求，也可以參考這本書的課程設計概念來與夥伴討論及共備。因為書中所使用的文本分析能力（閱讀策略）、批判性思考等概念，都是跨領域的概念，再佐以適合的素材與實作任務，非常適合在彈性課程中實施。在有了經驗之後，就可以再思考如何在各科領域課程中實踐，若本書要在台灣推廣，而不只是停留於紙上談兵，上述應是可行的路徑。

詹馨怡──台北市格致國中校長

英文教師的推薦：

　　「身為教師，我們不應該剝奪學生擷取訊息、建構知識的機會。」恆昌老師在工作坊語重心長的這句話深深震撼著我。長期以來，一直覺得英語教學只需善用多模態理念、營造課堂語境，讓學生喜歡學習就足夠了，甚至還很自豪可以想出口訣協助學生記憶語法規則的創意。然而「概念為本課程設計」讓我深度思考，什麼樣的學習才可以產生遷移？要如何引導才能點燃學生的學習動機、主動投入學習，以因應未來世界的挑戰？

　　三年來，在中央輔導團核心團隊鑽研的「概念為本課程設計」都是以跨領域課程為主，語文領域通常只是搭配的學科。很開心看到專為語文領域編寫的《設計概念為本的英語文課程》不僅摘錄「概念為本課程設計」理論的精華，並且提供了英語文單元設計步驟、單元模板，以及不同學習階段的範例等內容，對於有

興趣嘗試「概念為本課程設計」的語文科老師是很有幫助的工具書。希望藉由「概念為本課程設計」能引發學生批判性思考及統整過濾訊息的能力，點燃學生對讀寫的終生熱愛，成為更有自信的閱讀者與寫作者。

曾麗娜——新北市新莊國中英文教師

教育部中央輔導團核心教師

國立教育廣播電台雙語教學製作主持人

　　英語文學習的課程內容並不僅只是傳統印象中侷限於學習聽說讀寫的語言技能而已，課程設計若聚焦於概念性理解，更能促進學生有效學習與應用遷移。概念為本課程聚焦於學科中重要概念的遷移，並促進學生思考，若以英語文課程為例，常見的概念有文本結構與故事元素。回顧在課堂上落實概念為本課程的歷程，我發現引領學生透過遷移可以讓他們通往或跨越不同情境的深度理解，而在瞭解文本、反應文本、評析文本及生成文本的歷程中，文本是學生學習英語文核心素養的媒介。欣喜樂見本書的出版，造福更多的教師與學生，一同享受概念層級思考的學習之樂。

林健豐——高雄市右昌國中英文教師

教育部中央輔導團專案教師

　　自 2018 年起，開始有系統的接觸概念為本的探究設計。經由摸索國外社會科或自然科案例並自行轉化，體悟到此課程設計方法能讓學生與文本進行有意義的互動，加深對內容的理解；學生一旦學會掌握概念與通則，可降低認知負擔，面對未知或是龐大的訊息，亦能利用概念來遷移或掌握趨勢。一直很期待有語文科的概念為本課程設計專書，能讓更多老師在好用的課程設計工具書指引下，把英語課的學習從字詞片語的記誦轉化為與世界溝通的探究歷程。

　　感謝恆昌老師帶領的翻譯團隊完成《設計概念為本的英語文課程》一書，讓國內老師有機會一探優質語文課程的樣貌及實施步驟。本書內容含括概念為本的課程籌畫前須有的基本理解、設計課程所需的工具、設計步驟以及不同教育階段的案例等，為概念為本語文課程設計提供了清楚的執行路徑及明確圖像。

　　個人最偏愛其中的設計課程步驟三：創建單元網絡——以瞭解文本、反映文本、評析文本及生成文本這四條支線進行設計，依照此步驟，語文教學能有層次

的遞進且驅動學生智識整全性的學習。期待此書帶動風潮，為英語文教學帶來豐沛的新動能，開啟語文學習的新篇章。

許琇敏—— 桃園市青溪國中英文教師

教育部中央輔導團核心教師

　　得知恆昌老師再次跨刀翻譯洛蕙絲・蘭寧博士（Lois A. Lanning）的概念為本書籍當下，著實感到雀躍。本書除了簡要回顧概念為本教學的要素外，更引領讀者踏上概念為本語文課程設計之路。譯者刻意保留了其中的重要關鍵字原文，讓讀者可以在中、英文間來回推敲，細細讀來，作者思維益顯清晰。如果說概念為本的教學替學習者戴上一面認識與理解世界的透鏡，本譯作也可說是一面透鏡，讓國內對於概念為本教學躍躍欲試或正在進行中的教育工作者，得以在精煉的譯文中洞察原文作者的真知灼見。很開心此書由經驗豐富的恆昌老師操刀，拜讀其譯作，感動依舊。

羅俊宏—— 高雄市鳳山高中英文教師

教育部英文學科中心種子教師

　　過去協助國立臺灣師範大學陳佩英教授以及愛思客團隊辦理跨領域素養導向課程設計工作坊時，心裡總是會浮現一個念頭：該如何把跨領域所學所用的概念、歷程甚至於策略轉化到自己的學科—— 語文類科上。除此之外，隨著教學經驗的增長，也一直在思考著，其實大多數語文類科教師一直有在教授「概念」，差別只是在於能否有意識且有效的將語文類科著重的技能概念，轉化成可遷移的概念性理解以及能力。

　　而此時，繼《創造思考的教室》以及《概念為本的探究實作》兩本理論與實務結合的書之後，終於迎來了更聚焦於語文類科的《設計概念為本的英語文課程》。此書正好幫助以及解決我所思考的問題：手把手的帶著老師們從現行不同主題的教科書內容或者課外小說等不同教材中，從單元規劃開始，以理解為目的而設計並拆解歷程性結構以及教學步驟，最終在不同情境中達到遷移；書中並提供了不同學習階段的實例，可引導教師們轉化課程到自己的教學以及教室中。期待此書帶給教學現場的助益，並期待未來能和更多人一起討論共學！

鄭錚易—— 台北市育成高中英文教師

譯者序

我們需要怎樣的語文學習？

本書是美國各州共同核心標準上路後，蘭寧博士運用概念為本的課程與教學帶領地方學區來推動英語文共同核心標準的實踐紀錄。時值台灣推動 108 課綱素養導向學習之際，此書對各縣市教育局與現場教師格外有參考價值。

台灣的英語文等於美國的外語（world language），而本書中的英語文則等同我國的國語文，因此本書不只適合英語文，更適合國語文教師閱讀。我們的國語文教學現況如何呢？我徵詢的幾位資深高中、國中小國語文老師如是說：

「教學的模式受到課本編輯引導（限制），循『題解─作者─文本閱讀─課後評量』的模式，花太多時間在字詞解釋、個別句子的分析。而文本閱讀及語文知識、文學史背景知識沒有分開，經常使教學單元失焦。」

「語言訓練與文學賞析揉雜在一起，以致閱讀、寫作跟表達的訓練不紮實，鑑賞的部分卻又將老師及教科書的見解直接傳輸給學生，因此學生的語文基本能力跟文學鑑賞能力看起來都有教，卻都只是老師傳授的知識，並沒有內化。」

「老師通常都重視文言文，這跟文化背景也有很大的關係，但是常忽略了要教導學生的語文核心能力，而不是以翻譯、背誦、賞析（一樣是老師的賞析）為重點。」

「語文教學的重心偏向解釋字詞義、分析文句及篇章結構，近年來『閱讀理解策略教學』成為新興的主流，但是也常常流於眾多『閱讀技能』的學習，學生從一篇篇的文章中學到的，多是零碎的知識與技巧……老師們在設計課程與教學時很少思考到：學生可以從文本中學習到什麼語文概念與素養？」

「國文教學依靠教科書的文本教學，老師即使跳脫課本，補充也是以課文為中心，這也限縮了老師教學的豐富度。」

「我去帶工作坊的時候，常常問老師們一個問題『你覺得這篇文本的重點是什麼？』老師回答的反而是比較跟道德相關的內容，如要努力、守時、不要找藉口等等，而非國文學科本質的概念，這當然跟國文本科文以載道的思考有很大的關係。」

從這些回饋中，我們看到國語文教學有以下狀況：受限於課本、偏重基礎語言訓練、忽略以學生為中心的理解與賞析能力、文化與道德包袱凌駕語文核心概念，以致學生未能獲得重要的語文素養等。

無可諱言，國中會考、高中學測等也影響著教學。但是，這並不是台灣特有的挑戰。蘭寧博士說：「如果我們測驗學生零散的技能或要求他們無須思考的複誦事實知識，學生可能在這種測驗中得到高分，但無法將素養遷移到下一個文本或學習情境中。這些矛盾的學習經驗可能讓學生困惑，導致他們放棄學習或者更加用功但一無所獲，原因就是欠缺理解。」（參見本書第 13 頁）那麼，如何能跳脫傳統的限制，走向理解與遷移的課程與教學？

本書指出，傳統語文學習以聽、說、讀、寫為目標的教學方式，頂多達到從個人層面出發的單向「表達」，但無法達到雙向的「溝通」。蘭寧博士主張將聽、說、讀、寫視為工具而非目的；學習語文的目的則是運用聽、說、讀、寫來「瞭解文本」、「反應文本」、「評析文本」、與「生成文本」，讓學生在學習歷程中不只學到「作者想告訴我們什麼」（瞭解文本），還要融入讀者自身的經驗背景，進行「讀者與文本的互動」（反應文本）；進一步批判作者的立場並賞析作者的技法，進行「讀者與作者的互動」（評析文本）；最後再綜整以上「生成文本」——用各種形式有效達到表達與溝通的目的。

換言之，概念為本要超越會聽、會說、會讀、會寫等「會做」（able to Do）的層次，要運用腦袋裡有關讀寫素養（literacy）的概念，帶著思考去聽、去說、去讀、去寫，因此不只「會做」，要知道如何做，更理解為何這樣做，

所以能夠遷移到不同的情境脈絡，以達到素養的目標。舉個小例子：溝通務必心存「目的」、「對象」、「技法」……等概念，瞭解「人們溝通時針對特定目的，因應對象採納適當的技法與言詞」這樣的通則。先思考再產出，而非張口就說，提筆即寫！

此外，概念為本視語文為一種「歷程性結構」（Structure of Process），或「歷程導向」（process-based）學科，意謂語文學科提供了思考、理解、表達與溝通等技能、策略的平台，在這個平台之上，可以承載社會、自然、數學等學科的內容知識。而音樂、美術、體育、表演藝術等同屬歷程導向的學科，則是用不同的媒介進行思考、理解、表達與溝通的平台。本書手把手的帶著讀者設計涵蓋瞭解、反應、評析、生成等面向的課程，並進行探究式教學——亦即本書所謂全面且平衡的「整全性」學習經驗，因而能夠遷移所學，達到素養層面。

語文是個人在社會中展現自我、溝通、共好的根基，就學校教育而言，讀寫素養更是所有學科學習的基礎！要感謝憶慈老師與丕寧校長合譯此書，感謝陳佩英教授對語文教育的遠見並尋求資源付諸實踐，感謝熱忱的語文老師們在工作坊中、網路社群中持續交換想法、提供意見，並感謝我們的家人再一次包容與支持。期望大家的努力有利於國語文和英語文教學的持續改善，邁向本書所倡導的「整全性」語文學習之路。

劉恆昌

2022 年 8 月 7 日

PART I

籌劃課程設計

CHAPTER

01

課程攸關
教與學的成敗

那天晴朗乾冷，隱約的秋意開始掩過無多的夏日。我正走向課堂。對這群求知若渴的教育行政人員講授研究所層級的課程設計讓我渾身帶勁。豐厚的專業文獻已經說明優質課程設計是教學與學習的重要基礎（Hattie, 2009; Marzano, 2003; Schmoker, 2011），因此，得知在教育行政人員的認證學程中，這群未來的學校領導者有完整的一門課致力於課程設計著實令人欣喜。期待上課之餘，我也做好準備要來聆聽學員們提出自己學校課程實施的故事。每年總有幾位學員吐露自己任教或實習的學區或學校，要不沒有課程，要不就是課程既老舊又被忽視，以致沒人知道課程在哪裡。

課程（curriculum）一詞常被誤解。有些教育工作者指稱各州學業標準為「課程」，當被問及什麼是課程時，教師通常的反應是：「我們必須把本州評量的目標當作我們的課程。」或者，即使找得到學區的課程文件，許多教育工作者仍把書局與出版社的課本跟教案當成自己的課程。對課程真諦的困惑似乎隨著描述課程的形容詞越來越多而有增無減：**嚴謹的**（rigorous）、**有關聯的**

（relevant）、**21 世紀的**（21st century）、**標準本位的**（standards-based）、**概念為
本的**（concept-based）、**不受時間限制且及時的**（timeless and timely）、**差異化
的**（differentiated）、**螺旋式的**（spiral）、**目標明確的**（purposeful）等。除了這
些大雜燴式的描述用語，還有不同作者與組織倡導的特定課程名稱，諸如古典
課程（Classical Curriculum）、核心知識課程（Core Knowledge Curriculum）、進
階課程（Advanced Placement）以及國際文憑課程（International Baccalaureate）
等。無怪乎現場教育工作者在嘗試對困惑的家長或社區成員解釋課程時，自己
卻已陷入術語的泥淖！

　　由於對人們如何學習之相關理論的理解漸漸增加，更多的課程學者們企圖
應用這些顯學於自己的著作中，於是新的術語持續浮現。葛來宏（Glatthorn,
1987）認為，教師與行政人員通常聚焦於前述例子所提之書面的課程、教導
的課程以及測驗的課程（written, taught, and tested curriculum），然而，如果分
別考量這三種課程，可能會發生重大的扣合（alignment）問題，或者某種課程
的目標因為其他種課程的目標而犧牲。研究顯示，當學區花時間確保課程扣合
課綱標準與評量的目標，且學區的課程全面運用於教室中，對學生的學習成就
將有正面而顯著的影響（Turner, 2003）。賓恩（Beane）在「教育研究服務」
（Education Research Services, ERS）的一篇論文（2003）中表達了他的看法：當
「特定」課程具有首尾連貫的整體性，由整體意識（sense of whole）統合並串
連各個組成部分時，這樣的課程可以傳達恢宏而迫切的目的。這是課程能夠讓
教師看到**全貌**（big picture）的主要原因。「看見整體」對瞭解教學、評量以及
專業成長應有的樣貌至為關鍵。

　　在職涯初期，約瑟夫・尤基煦（Joseph Yukish）對我影響重大，他是我在
閱讀視導（reading supervision）碩士學程中幾門必修課程的教授。他的課頗具
挑戰性，但至今我仍然記憶深刻且充滿敬意。我衷心享受教授的督促，因為我
瞭解學習內容與指定作業之間的關聯，藉由清楚意識到整體及歷程中細緻複雜
的片段如何組合出全貌的方式，我學到閱讀教學的複雜歷程。約瑟夫博士的教

學口訣是：「以真實的文學作品為脈絡，運用『整體、部分、整體』法則教導閱讀困難學生重要的策略與技能，他們將可以免於障礙、開始閱讀，並繼續發展。」這段自明之理引導我的思考至今。

我最心儀的作家與研究者之一，大衛・柏金斯（David Perkins），也論述了在教導學生後續的、更難的部分之前，先提供一覽全貌（整體）的視野以吸引學生投入學習的重要性。在《全局式學習》（*Making Learning Whole*, 2009）一書中，柏金斯主張在剖析彼此無關的片段之前，先呈現使學習整全而連貫的架構，教育可能因而轉化。如果不懂整體，部件著實令人費解。

本書主體圍繞著大衛・柏金斯的思路與寫作構成。當我第一次閱讀《全局式學習》時，我立即將他的想法連結到我最近的工作內容——教導其他人如何設計概念為本的課程（Erickson, 2007, 2008）。柏金斯的思維強化了我重新設計英語文課程以提升有效教與學的倡議；雖然柏金斯沒有特別就概念為本的英語文課程發表想法，但我認為他的理論支持了概念為本的課程設計。

運用課程作為總體規畫

負責保護並增加你的金融資產以及照護你子女的那些人們有諸多共同點——你將珍貴之物託付他們，而他們正在詳加規劃你和你子女的未來。最近我發現了教育工作者如何面對這項重任。我在行事曆中硬塞進一節按摩，按摩師在我的肩膀上處理了約莫十分鐘後，問道：「妳大概是老師吧？」她聲稱自己總是可以認出教育工作者，因為這些人承載了沉重壓力。

教師感受到無比沉重的責任，除了面對各方對滿足所有學生需求的究責，還要應付課堂外其他角色與任務所組成的大拼盤。如果沒有一套切實可行、容易瞭解而適切的課程來告知並指引教師如何教學，這份工作會變得更有壓力、更困難而且失去方向。丟給教師自己解決的話，通常教師會借助於課本、網路、電子教案或其他設計好的套裝課程，然後就這些資源能否幫助學生達到課

綱標準做出自己的最佳判斷。然而，不同教師的日常教學計畫有重大差異，這意味著在相同體系的不同課堂、年級與學校中，學生獲得的學習經驗將會參差不齊。當學生進入下一年級或下一門課程時，學習落差的問題變得更加嚴重。在這種情況下，即使師生投入許多努力，欠缺優質而連貫的課程將導致學生在學區或各州高風險測驗（high-stakes tests）中的表現低於預期。

　　確保教師擁有設計縝密的課程作為教學單元計畫（lesson planning）的基礎是學區基本而關鍵的職責。若是沒有課程作為總體規畫（master plan），教師還是有「材料」（stuff）可以教學生學習，但這些「材料」可能會不適合，或者可能跟未來的學習無關。許多論述提到課程連貫性在學校改進（school improvement）中的關鍵角色（Newmann, Smith, Allensworth, & Bryk, 2001）。持續而聚焦的關注優質學區課程促使教師在設計有效的教學單元、分享學生產出中進行協作，進而集眾人之力解決特定的問題。研究指出，當學生的經驗能夠連結並相輔相成時，所有年齡的學生都能夠學習（Bransford, Brown, & Cocking, 1999），學生也因而受惠。換言之，如果學習經驗支離破碎，實現成長將變得更加艱難。連貫的教學單元幫助學生們看見單元之上的整體，因而點燃動機吸引投入。

　　「總體」課程會創造出漣漪效果。當評量與教學開始扣合課程時，專業成長的選擇與需要會更為明確。這些元素間的連貫性增強後，希望教師教什麼、如何教，以及教師們達到教學目標所需的支持都會加清楚。但透過學區課程達成的強大課程連貫性不應被轉譯為死板的教學——每個教師每天在同一時間的進度都一樣。在符合課程藍圖的前提下，課程計畫必須保有差異化的空間。換言之，課程不應該被狹隘的定義為迫使所有教師都變成同一種顏色——沒有特色（譯按：beige 原意為米色、淺褐色，也用於比喻沒有特色）。當然，另一方面，課程也不能使共同目標過於鬆散或模糊，以至於喪失了學區整體而永續的共同期望。

　　課綱標準是促進連貫性的第一步，但課綱標準不是課程。對嘗試搞清楚什

麼時候該教什麼的教師而言，一長串的課綱標準很快的讓他們疲於奔命。此外，課綱標準不會提到學科內容或連貫性。對教師而言，一套容易上手的學區課程不只提供了有用的資源，如果設計得宜，還能提供教師以下保證：如果依據學區課程進行教學就能夠呼應課綱標準。總之，課程是讓教師看見整個年度全貌的「總體規畫」。

概念為本的課程是什麼？

　　具有概念性架構的課程或以概念為本的課程，不同於以主題、技能與事實為主要基礎的**傳統**課程。概念為本的課程聚焦於學科中重要概念性想法的**遷移**（transfer）並促進**綜效性思考**（synergistic thinking），將課程導向另一個維度（Erickson, 2008）。艾瑞

> **概念為本的課程**聚焦於學科中重要概念性想法的**遷移**並促進**綜效性思考**。
>
> **綜效性思考**是發生於腦部較低層次與較高層次處理中心之間交互激盪的能量。

克森將綜效性思考界定為「發生於腦部較低層次與較高層次處理中心之間交互激盪的能量」。為了啟發智能並增進學習動機，課程與教學必須刻意創造介於學生較低（事實性）思考層次與較高（概念性）思考層次之間的「綜效」。

　　「概念為本的課程提高了課程設計、教學與評量的標竿」（Erickson, 2008, p. 28）。當學科的主要概念（想法）成為學習的「主導者」時，我們正引領學生通往可以跨越不同情境遷移的深度理解。基礎技能與關鍵內容知識（事實）仍然是概念為本課程中的重要成分，然而，融入概念突顯出複雜技能與真實事例的重要性，因而增強學生的思考與學習的留存。這部分在接下來各章有更詳盡的解釋。

　　英語文課程撰寫者斟酌課程中必須涵蓋哪些概念，使彼此的對話超越選讀書單與技能列表，進而審視我們希望確保學生理解的核心概念。例如：學生掌

握了**聲音**（voice）這個概念的意義，將成為更善於辨識、賞析並評價作者對語言運用的閱讀者。此外，這些學生在寫作時，也已經暸解在作品中創造特定語氣（tone）或氛圍（mood）所需的技能。

艾瑞克森（Erickson, 2008）指出，因為概念性理解有賴於內容知識，課程的概念結構因而重要，但反之未必為真（譯按：意思是說如果學習目標是內容知識而不是概念性理解的話，此種課程未必需要概念結構）。用此種方式設計課程，教師們將清楚知道學生每年必須精熟的概念與理解，呼應了前述教師看見清楚「全貌」的重要性。終究我們不能假設所有教師都會獨力弄清楚哪些是學科中促進深入理解與遷移的重要觀念。

稍作提醒：只讓教師知道學科中重要、可遷移的概念清單，並無法直接轉譯為優質的概念為本課程——生活要是這麼單純就好了！課程中的每個元素都要經過審慎建構而成為連貫的「整體」，明確表達學生必須理解、知道並且會做什麼。如同你將看到，概念為本課程的撰寫歷程中有多重層次，這也是為什麼團隊撰寫課程極為重要。獨自撰寫課程將無緣於他人的洞見與貢獻，最終作品也會反映出這個弱點。

後續篇章將深入討論概念為本的英語文課程「像什麼樣子」以及如何設計，關鍵處在於優質的課程會直接影響學區或學校的學生表現結果。（美國）各州共同核心標準（Common Core State Standards, www.corestandards.org）標示出我們期待學生展現的表現目標，如果我們沒有設計一套課程供教師參考，並在課程中明確不含糊的描繪出**如何教會理解**，各州共同核心標準將淪為另一個無力影響學生學習或國家教育現狀的倡議。

或許這位反思的實作者——任教於康乃狄克州紐頓市紐頓高中的艾比給兒・馬克思（Abigail Marks，個人書信，2012 年 2 月 24 日），已做出貼切的總結：

在過去八年的教學中，我花了幾個暑假進行課程設計，並且一直期待

著檢視我們的作品與產出過程的機會。我們的課程總是扣合學區的學業標準，但私底下我跟同事們似乎總把時間花在討論我們教的那些書本，而不是技能或概念。儘管明白彼此教的都差不多，但每年我還是詫異的發現有些同年級的教師教了一些我沒教的技能，或者我教了但別人沒教。

　　當康州採納各州共同核心標準時，我們同時開始了概念為本的課程研習。這種方式鼓勵了我們、也大力幫助我們將現有課程融入共同核心標準，這使得轉移到共同核心標準感覺起來沒那麼恐怖。事實上，我相當期待概念為本可能幫助我們學科內扣合技能與概念的教學。並非憑空臆測，我們越做越清楚學生將獲得真正垂直整合的學習經驗。

　　我認為概念為本的課程是每位教師都可以用來為自己特定的學生群體建立學習經驗與學習活動的基礎。我一直很重視身為教師提供選擇的能力，我也害怕統一的課程，但我相信概念為本的課程將會提供堅實的團隊意識，又不至於扼殺教師的創造力與發揮個別優勢的能力。

艾比‧馬克思，高中英文教師

CHAPTER

02

概念為本英語文課程的
要素

想像這一幕：

你是剛被指派到某間教室的實習教師。走進課堂環顧四周，牆上貼滿了提問的海報，上面列示學生的回答和想法，以及各色麥克筆的修改紀錄。你興趣盎然的閱覽「性格特質跟生理特質有什麼不同？」問題下面的某些回答，顯然這些海報是發生在課堂中真實的學習片段。

你又注意到教室前面貼著**人物關係**（character relationship）的卡片，上面是從不同書本引述的人物例子。嗯，班上每個學生讀的是不同的書，有意思！牆上掛著學生的各種作品，其中有個特別區塊標示「我們目前的通則（generalizations）」，一張張寫著句子的紙片塞滿這個區塊，這些陳述看起來像是學生對目前課程下的結論。

教室中塞滿了書籍、雜誌、報紙等印刷品，還有幾部電腦供學生在需要時自由運用。學生在小組中對話發出喊喊喳喳的聲音，他們專注到忽視

你的存在。你四處走動一會兒，發現各組學生正在從不同的書中搜尋證據以回答這個問題：「作者如何埋藏明示（explicit）證據與隱含（implicit）證據，以幫助讀者形成關於人物的推論？」學生運用「關鍵時刻」（pivotal moment）、「聲音」（voice）、「對話」（dialogue）等語詞，聽起來好像一群討論中的專家。

不只對話中的語詞，學生在構思自己對海報問題的回應中，同樣展現他們的概念性理解。各組回應的方式不盡相同，其中一組正在完成自己設計的資料組織圖（graphic organizer），另一組則彙集書中找到的例子並標註頁碼編成表格，還有一組學生設計了一齣短劇，由一位學生扮演作家接受其他學生訪談。教師在各組間穿梭提問，提醒還剩多少時間要跟全班分享探究的結果，有時把一兩個學生拉到旁邊個別指導，一進教室你還找不到教師在哪兒！她持續掃描學生進行中的作品，當加入小組活潑的對話時，她經常提醒學生參考牆上的海報或文字。

明顯的，前述課堂中的學習者全心投入對他們未來極為有用的任務中。這堂課特別引導學生分析寫作者的技法，這些技法轉而強化了學生本身閱讀與寫作的理解。教師建構目的明確的課程，以將內容與複雜的技能提升到概念性層級的理解。在過程中，學生在認知方面延伸並得到激勵——部分歸功於學生閱讀自己有興趣的文本，也沒有閱讀障礙。任務的設計要求學生**產出**（produce）知識，而不是被灌輸知識。在學習單元中，教師刻意設計日常活動與單元主要概念之間的連結，意味著學生更可能在新的任務與情境中有效遷移自己的概念性理解——這正是學校教育的關鍵目標。

在本章中，我將界定概念為本英語文課程的要素——概念為本的課程能夠帶出上述教室風景，以及讀者在快速一瞥中見證的學生投入與學習。有時術語可能看似難以吸收，但別害怕，在接下來各章中，我會把課程設計歷程拆解成

較小的步驟，並提供讀者豐富的範例。本章則可視讀者需求當成參考的基準。我會盡力把定義說清楚並保持想法連貫，但首先，我們一起來看看推動上述教學的課程和傳統的課程與教學有什麼不同？

傳統的課程、傳統的教學

如第一章所述，有些教師仍然依賴出版商告訴他們要教什麼，或依賴在規定時間內要教完的某張書單。長期任教於康乃狄克州紐頓市的高中英文教師凱西・斯威夫茲（Kathy Swift，個人書信，2012 年 2 月 25 日）回憶道：「1984年，我的第一個教學任務包括『第二階英文課組』與『創意寫作』，兩堂課都有書單與時程。記得當我問要用哪本書來教人物、哪本書來教主題等等時，我得到的回答是『隨妳喜歡』。」這種做法在符合學業標準的壓力提高、對公立學校教育信心衰落的時代，特別容易產生反效果。但我們可以扭轉情勢。

傳統英語文課程的結構（經常還有其教學）所衍生的問題是：跟不上高科技時代所帶來對讀寫素養更高的期許。我們不能繼續要求學生把聽、說、讀、寫、觀看（viewing）與發表（presenting）等歷程當成各自獨立的單元來學習。當我們周復一周、提出一個又一個問題，硬拖著學生停留在一本班上很多學生不感興趣的書時，這樣其實不會提升理解；事實上，反而是把寶貴的時間消耗在微小的學習成就上。如果我們測驗學生零散的技能或要求他們無須思考的複誦事實知識，學生可能在這種測驗中得到高分，但無法將素養遷移到下一個文本或學習情境中。這些矛盾的學習經驗可能讓學生困惑，導致他們放棄學習或者更加用功但一無所獲，原因就是欠缺理解。

如果在課程設計中明確指出和歷程與內容相關的概念性理解，藉以引導教學與評量，將可打破上述循環。提高英語文課程的標竿是重要的第一步，運用探究式與歸納式教學引導學生獲得概念性理解，不只創造對文本的深入理解，同時還刺激介於低階層級與高階概念層級思考之間的綜效性思考，進而啟發個

人智能。學生的個人智能投入又因為自己的思考受到重視，而增進了學習的動機。

從傳統課程到概念為本的課程設計

　　大多數傳統的英語文課程代表二維度的設計模式，典型的二維度包括（1）歷程：期待學生表現的特定策略與技能，以及（2）內容知識：期待學生學會的知識。為了設計概念為本的課程，則必須呈現第三維度「概念性理解」（Erickson, 2007, 2008；另見圖 2.1）。如果學生懂了，就更加能夠留存知識並遷移所學。學生可能不理解但背誦了某本書的資訊、也會執行例行的寫作技能，但如果欠缺深度的概念性理解，他們永遠不會思考、表現或感到自己是個更加幹練、更有自信的閱讀者與寫作者。

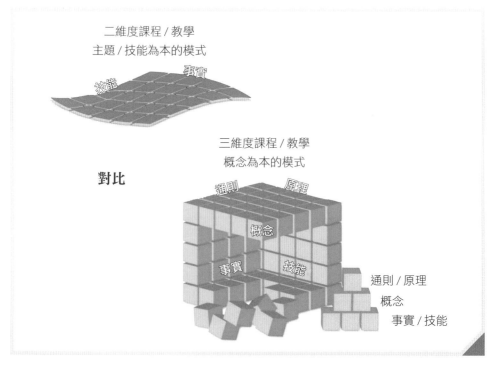

▶ 圖 2.1・二維度與三維度課程對比的示例
來源：H. Lynn Erickson.

在概念為本的課程中，**理解**（understanding）這個第三維度藉由概念與通則呈現。我們得先瞭解這些重要的術語再繼續，首先，我們先來定義什麼是**概念**（concept）。概念是一種心智構念（譯按：mental construct，指人們超越具象的實體，透過思考、想像而以語文建構出的想法），而且：

● 不受時間限制，

● 具有普世性，並且

● 具有不同程度的抽象性。

（Erickson, 2008, p. 30）

> **概念**是一種心智構念，不受時間限制、具有普世性，並且具有不同程度的抽象性。

在英語文中，概念推動超越手邊事例的思考，以下舉個例子詳細解釋：例如「人物」（character）這個概念對幼兒園孩子來說非常抽象。在回答教師的提問時，孩子可能正確的**辨識**出故事中一個特別的人物（技能），但並不**瞭解**「人物」這個概念。如果教師繼續用不同型態的文本提供許多人物的例子，學生會開始看出「人物」觀念的概念性模式。因為概念不受時間限制，多年前某學科的重要概念到現在仍然重要，而且到未來還是重要；又因概念具有普世性，在不同文化與情境中都可以找到這些概念的事例。

概念是名詞（絕不用專有名詞或代名詞），通常由兩、三兩個字構成（譯按：原文為 one to two words，但中文的概念大多由兩、三個文字構成），可以用具有共通屬性的不同事例代表。在各種文本中，一定有許多「人物」的不同例子，但每個例子都代表更大的想像情境中擁有獨特個性的虛構個體，且每個個體在故事發展中各有其職分。

概念幫助建構英語文課程，也是每個課程單元中撰寫通則的關鍵成分。

通則（generalizations）是概念為本課程中的關鍵要素。通則是清楚而具有說服力的理解之陳述，將用來引導教學與評量。有些作者稱通則為**持久的理解**（enduring understanding）、**核心理解**（essential understanding）或**大概念**（big idea）。通則的基準和概念一致。艾瑞克森（Erickson, 2008）將通則界定為：

- 廣博而抽象；
- 可以普世通用；
- 通常不受時間限制，但如果這個想法並非永遠適用於所有情況時，可能需要加上限定詞（qualifier）；
- 在不同事例中呈現，這些事例提供通則的基礎；以及
- 兩個或更多的概念，其間關係的陳述。

通則中不會有專有名詞或代名詞，也不用過去時態或未來時態（英文的現在時態使理解的陳述得以跨越時間與情境而遷移）。

例如：

下列陳述**不是**通則，而是一個過去時態的陳述，引用特定人物與書籍，因此無法遷移。

> **通則**代表我們希望學生在學習單元結束時瞭解的重要而持久的理解。

哈利這號人物對眾人而言是個英雄。（The character, Harry, was a hero to many.）

我們可能像這樣修改成不受時間限制的通則：

讀者認同展現英雄式個性或行為的人物。（Readers identify with characters who exhibit personalities or behaviors considered heroic.）

通則要避免被動語態，是一種代表許多實例、清楚有力的表達理解的陳述；但如同前述，如果陳述無法適用於**所有**的實例時，就需要加上**可能、經常、可以、頻繁的**（may, often, can, frequently）等限定詞。

艾瑞克森（Erickson, 2008）提供我們一個撰寫優質通則的簡單結構，她建

議用下列句子架構開頭：

　　學生將會瞭解……（Students will understand that...）

　　之後在建立通則時會逐漸減少這個句子架構的運用。還有，撰寫通則時，你必須把**至少兩個概念用強大的動詞連結在表達彼此關係的陳述中**。要避免**影響、衝擊、間接影響、是、有**（affect, impact, influence, is/are, have）等薄弱的動詞，因為這些動詞將導致範圍廣泛但僅具表面層次的陳述。第六章將呈現更多有關通則的細節以及更多範例。

　　撰寫通則常是概念為本課程設計中最具挑戰性的一個階段。我曾多次聽見一個個教師為建構通則而絞盡腦汁，不過一旦有了更多的討論（如回應為什麼跟怎麼做等問題），想法可以被界定得更為精確，文字也會更加精鍊，以產出對學生理解極為重要的強大陳述。隨著學生的學習發展，透過鷹架支撐使通則到達高度複雜的程度，而概念為本的課程正是透過課程的單元通則來突顯深入的理解。

　　撰寫英語文的通則是為了溝通什麼是學科歷程與學習內容中的重要理解。這並不是說技能練習不重要！主要技能將在課程單元的另一階段處理，而且幾乎都可以從英語文學科的各州共同核心標準等學業標準中直接擷取。**如果我們沒有教到高度複雜而抽象的技能背後的概念性理解（通則）及學科中概念之間的關係，我們將錯失啟發學生對英語文獲得深入理解的契機。**

知識與歷程之間的關係

　　現在，想一件你熟知的事物，你想到的會是主題還是歷程？有位朋友這樣回答：「我是南北戰爭迷，我對這個主題知之甚詳。」另一位好朋友則回答：「我熟稔如何從事園藝，趁天氣還好，妳一定要來我家後院看看！」我們再問

兩個問題，以進一步探索這兩個回應：

你如何獲得對 ＿＿＿＿＿ 的理解？

（How did you come to understand ＿＿＿＿＿ ?）

你如何知道你真的瞭解 ＿＿＿＿＿ ？

（How do you know you really understand ＿＿＿＿＿ ?）

以下是這兩位朋友的回答：

透過廣泛閱讀，我獲得對美國南北戰爭的理解，我大概已經讀了一百本以上跟南北戰爭有關的書籍，也看了很多電影，還盡可能參加相關主題的演講。我知道我真的懂這個主題，因為我已經看出南北戰爭議題跟其他情境之間的類比關係，我能夠提出其他愛好者想不到的問題。而且，我能夠自信的跟著名南北戰爭「專家」對話。

我就是靠動手做園藝獲得對園藝的理解！我也閱讀很多不同的園藝書籍、跟一群專業園丁討論，還去參觀本地跟外地各式各樣的庭園。這可是我經年累月從動手做、瞭解園藝技巧，還有建立知識基礎中學到的。我怎麼知道我懂園藝？園丁努力的成果可是有目共睹啊！除了記得花草的名稱、種我覺得漂亮的東西外，園藝還牽涉到好多東西，我的嘗試跟錯誤可多了……但……總歸一句話：來我家院子看看！

我們之中的大多數，不幸的還有太多我們的學生，已經忘了大部分學校所教的內容。我們傾向於記得我們**不懂**的部分，以及那讓我們感覺多麼不舒服，或者只記得過去學習的零散片段，而這些片段學習又充滿了迷思概念。我們之中有多少人還記得解多項式方程式的所有步驟？大部分人都忘了，因為當我們

在高中解多項式方程式時，我們看不出這件事跟真實世界有任何關聯。老實講，我們上一次解多項式方程式是什麼時候呢？八成就是在高中！我們也常失去相關記憶，因為在學多項式方程式時，我們不曾真正瞭解公式或規則背後的概念，我們只是「操作」演算法而沒有理解。

環繞著「個人的認同感如何形成？」這樣的概念性問題設計概念為本的課程，將促進相關且有趣的學習。還有，如果教師透過真實的讀寫經驗進行教學，在這些經驗中反映出學生未來最可能持續用到的知識與歷程時，理解自然更加精進。最後，如果課程設計激發學生的想法、反思、學習的主導權，他們將有更高的動機學習，使學習經驗更加難以磨滅。

撰寫概念為本的英語文課程時，可以先開始建構課程單元標題地圖，以回應學生的興趣與關心的事，同時提供許多機會讓教師將期待的表現標準與內容安排在課程地圖中。例如，在六年級「我們如何可能改變世界？」（How Can We Change the World?）的單元中，透過小說與非小說的讀寫體驗可以提供無數可能，幫助學生在遇到生命中想做的公益時，能夠克服困難採取行動。在這個單元中，教師以文本概念與英語文歷程中所提取的「理解」為教學目標，也可以確保學生精熟這個年級應該具備的**主要技能**（key skill）與學科**知識**。如你所見：在**理解**（understanding）、**知道**（knowing）與**會做**（doing）之間存有一種關係。

圖 2.2 以圖形闡明此點。

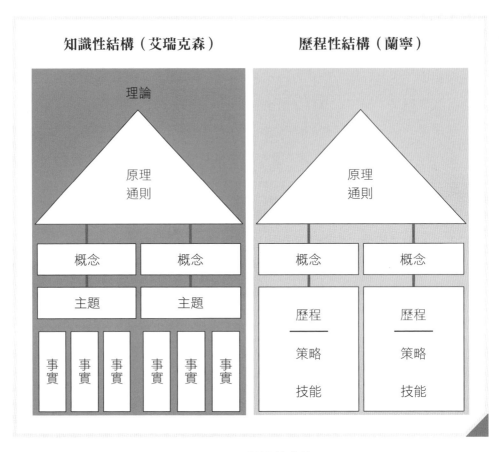

▶ 圖 2.2・結構的比較

來源：「知識性結構」源自 *Stirring the Head, Heart, and Soul: Redefining Curriculum, Instruction, and Concept-Based Learning,* third edition (p.31), by H. L. Erickson, 2008, Thousand Oaks, CA: Corwin. *經許可轉載。*

瞭解這兩種結構

英語文課程必須整合知識性結構與歷程性結構中的要素，對以語文為基礎的學科領域而言，兩者缺一不可。

艾瑞克森（Erickson, 2008）提出的**知識性結構**（Structure of Knowledge）說明了知識的構成要素之間的關係。知識性結構的階層呈現了某個主題中，從

最低認知層級（事實）向上到最高理解層級的知識。

　　而我所提出的**歷程性結構**（Structure of Process）則說明了**運用**知識的要素之間的關係，同時也呈現了從最低認知層級到理解層級之間歷程的階層。換言之，這個結構從較明確的認知層級（技能）向上建構，對歷程中重要的可遷移想法建立深入的理解。

知識性結構

　　圖 2.2 描繪的結構圖分別代表知識與歷程，但也顯示了兩者之間的重要關係。艾瑞克森（Erickson, 2008）運用知識性結構為基礎來設計概念為本的課程，這個結構說明了概念和主題與事實、通則、原理與理論的對應關係。我們先停一下，仔細檢視圖 2.2 左邊艾瑞克森的知識性結構，並界定各個構成要素的意義：

1. 從結構的底部開始，**事實**是鎖定在時間、地點或情境中特定的資訊。傳統上，美國學校的學習內容大多數是記憶孤立無關的事實，屬於最低的認知層級。

2. 向上一層來到**主題**層級：主題反映出學科種類。從主題可看出單元的內容。

3. 繼續向上來到知識性結構的更高層級：**概念**位於比事實更抽象的層級。概念由主題中提取出來，並作為真實事例分類的基礎單位，因為概念不受時間限制，可以跨越時代提供越來越複雜深奧的經驗結晶。

4. **通則 / 原理**的層級反映了對知識的深入理解。通則是綜整真實事例並總結學習的陳述，其正式定義是兩個或更多概念之間關係的陳述。雖然通則不受時間限制，但也不一定永遠正確，不像**原理**是學科中被視為基本「真理」的法則或公理。如果通則說出一個重要的道理，但無法在所有情境中都成立，那就在句子裡加上**經常、可以跟可能**（often,

can and may）等限定詞。概念為本的課程運用**通則**一詞代表我們希望學生理解的那些重要且持久的知識與原理。

5. 我們終於到達知識性結構的頂端：**理論**是設計來解釋一組事實或現象的一套陳述或原理，尤其那些經過反覆測試或被廣泛接受的陳述或原理。理論被視為隸屬於某一學科中原理的主體，例子包括物質的原子論與相對論等。

艾瑞克森（Erickson, 2008）還強調一點：傳統教育中，多數的課本、課程與教學著重於知識性結構中較低的層級——主題與事實，為了改變這個現象，概念為本的課程撰述從主題開始，朝結構**上方**發展，最後才決定提供什麼真實事例來作為學生的學習素材。

首先，要從主題中拆解出單元的重要想法，亦即概念。其次，用這些概念來撰寫通則。通則是那些明確而堅實的理解的陳述，用於指引教學；通則也是哪些事實最適合作為理解的例證的判斷基準。以通則作為學習目標有助於避免課程陷入事實性資訊過度膨脹的困境。學生固然需要足夠的事例來瞭解通則，但例子不能多到與學習脫節而記不住。一起看看以下運用知識性結構的例子：

1. **單元標題**：美國獨立革命
2. **概念**：經濟壓迫、革命、相互依存／依賴、自由、權力……
3. **通則**：社會、政治及（或）經濟的壓迫可能引發革命。
4. **事實**：1765 年印花稅條例、北美十三個殖民地、大陸會議……

等到清楚的撰寫完成六至八個通則，課程單元需要涵蓋哪些事實就可以確定下來。待課程設計完成而開始教學時，教師藉由引導問題、聚焦於概念並運用真實事例的投入活動來引導學生的思路朝向理解通則進展。重點是提醒教師們**不要**一上課就對學生說明這個單元要學習哪些通則，而是讓學生靠自己**發現**通則，並用自己的話說出通則——聽起來會跟教師在課程設計中寫的通則很

像。要求學生在事例中找出模式與想法的教學方式,將會教出能夠產出通則的學生。這就是概念為本課程成為創造思考課程的祕訣!你可能發現有些學生想出了課程單元沒寫的通則,然而單元通則列表不是鐵律,這種情形代表學生擁有概念性思維——這正是概念為本教與學的目的,值得慶祝。

🖱 歷程性結構

現在該把注意力轉到圖 2.2 右邊的第二個結構了,歷程性結構說明了技能、策略、歷程、概念、通則與原理的關係。

當我們達到歷程性結構的概念層級時,我們從「會做」進展到「知道且理解」**為什麼**這麼做。雖然概念可以從歷程、策略或技能等操作中萃取出來作為理解的基礎,但概念不是運用歷程、策略或技能等「做」的動作(譯按:意思是說,運用技能、形成或選擇策略、依循步驟完成歷程等等這些動作或操作並非概念,但從這些動作或操作中,可以萃取出共通的特性。例如:與體操運動相關的技巧、策略、歷程中有「平衡」、「協調」、「優雅」等特性,亦即概念——這些概念不是動作,但瞭解這些概念使學習者清楚為什麼與如何做好體操運動的技巧、策略與歷程),第四章將會有進一步說明。為了解釋歷程性結構,可以把**歷程、策略**以及**技能**視為幫助學生投入並探索學習內容的工具。

歷程性結構的各個構成要素定義如下:

1. 結構圖的底部,也就是歷程性結構的最低層級包括了**歷程、策略與技能**,三者都屬於這個部分,其中歷程的範圍最廣也最複雜,策略其次,技能最後。因為英語文課程中的概念可以從這三者中提取,因此放在一起說明如下。

   ● **技能**:技能是隱含在策略中較小的操作或動作,當技能運用得宜時,將使策略「得以」有效運作。技能構成複雜策略的基礎。

   ● **策略**:我們可以把策略視為學習者有意識的順應、監控以改善學習

表現的系統性計畫（Harris & Hodges, 1995）。策略因為包含很多情境中的技能因而變得複雜。為了有效應用策略，必須掌控構成策略的各種技能、熟練且彈性的運用這些技能，並適度的整合其他相關技能與策略。

● **歷程**：歷程是產出結果的一連串行動。歷程具有連續性而沿階段前進，各階段中的材料、資訊、他人建議、時間等輸入，可能轉化或改變歷程流動的方式。歷程也界定了產出是什麼，例如：寫作歷程、閱讀歷程、消化歷程與呼吸歷程等等。歷程具有連續性，唯有當干預發生時才會停止。結果的品質則依上述輸入而異，在歷程的不同階段中，輸入可能轉化歷程展開的方式，結果也可能萌生不同於原先預想的特質。

2. 接著，向上推進到歷程性結構中較高的**概念層級**。概念是由兩、三個字組成的名詞；是一種心智構念或觀念，代表由所學內容或主題以及從複雜的歷程、策略與技能中提取出的特性。概念用以撰寫我們希望學生在單元結束時搞懂的理解的陳述（通則）。和前述知識性結構中概念的定義一樣，概念不受時間限制，提供了穿越古今益發奧祕複雜的經驗結晶，因為概念的普世性，因此在任何文化中都可以溯及具有代表性的事例。

3. 最後我們來到三角區：

● **原理**：原理的定義是基礎性的規則或真理。在英語文學科中，有些人認為語言的文法或慣用法等規範性規則屬於原理。

● **通則**：艾瑞克森（Erickson, 2008）將通則定義為思想的概要陳述。通則回答了「學習結果會讓我瞭解什麼？」這個攸關性的問題。跟前面一樣，通則的正式定義是兩個或更多概念之間關係的陳述。有些通則說出了學科重要的道理，但無法在所有情境中反覆驗證時，可能得在通則陳述中加上限定詞。在撰寫概念為本的英語文課程

時，我們只用**通則**一詞以免混淆。我們不擔心一個理解的陳述是代表原理或是通則——因為這不是重點；重點是辨識出單元學習結束時，我們希望學生能夠學會哪些重要而可遷移的理解。

● **理論**：因為理論跟英語文的關聯不大，因此理論沒有包含在歷程性結構中。〔譯按：蘭寧的想法後來有改變，認為語文中確實包括如文學批評等理論。因而在《創造思考的教室：概念為本的課程與教學》（2018）一書中，在歷程性結構圖中加上了理論。〕

你可以看到知識性結構和歷程性結構中都有**概念**與**通則 / 原理**三個術語，在兩種結構中，這三個術語的定義與彼此間的關係是一樣的。

好，接下來我們一起來檢視一個簡短的例子，看如何運用歷程性結構來雕琢通則。

1. **單元標題**：請提供資訊！
2. **概念**：摘要、相關資訊、文本形式（粗體標題、術語彙編、圖表等）……
3. **通則**：讀者運用各種非小說文本形式（表、圖、地圖、圖片、照片說明、標題、粗體字等）以更有效率的找出相關資訊，並發展對主題的深入理解。

課程單元中的通則包含更多與學習內容和歷程相關的可遷移理解，在進行上述英語文單元的教學時，藉由聚焦於概念的引導問題與投入活動，學生的思考被導向通則的理解。因為這兩種結構在英語文學科領域中都不可或缺，讀者在第六章將會看到整合知識性結構與歷程性結構兩類要素的英語文課程範例。

兩種結構的立論基礎

安德森（Anderson）與克雷詩沃（Krathwohl）兩位主編在《學習、教學與評量的分類法：布魯姆教育目標之修訂》（*A Taxonomy for Learning, Teaching, and Assessing: A Revision of Bloom's Taxonomy of Educational Objectives*, 2001）一書中解釋了為什麼要修訂 1956 年出版的《手冊》（*Handbook*，譯按：指布魯姆在 1956 年出版的《教育目標分類法手冊》）。首先，由於各種當責方案、標準為本的課程以及真實評量（authentic assessment）的設計與實施，原書中大部分資訊到現在仍然重要，因而值得再次探訪。其次，第一版出版之後，陸續浮現的重要新知識與思維應該要加入原架構中（順道一提：克雷詩沃與布魯姆共事並共同撰寫初版《手冊》）。新版書中解釋了布魯姆相信每種主要領域應該用自己的語言，擁有自己獨到的目標分類——更細緻也更接近領域專家運用的特有語言與思維。《手冊》出版之後一直有人期待分類法可以與時俱進，因為初版分類法只重視認知的歷程（動詞），相對的，新版分類法則重視**歷程**與**知識**等兩個向度。知識與歷程不同，但兩者之間相互關聯，例如：某人可能具備概念性知識，然而對如何取得知識、建構知識的意義等歷程的理解則呈現於歷程維度。

設計概念為本的英語文課程時，我們必須同時考慮知識與歷程，也必須確保當學生進展到下一門課程或下一年級時，在各階段的學習目標中建置了理解的複雜與深度。安德森與克雷詩沃（Anderson & Krathwohl, 2001）認同學生的**理解**發生於所學的「新」知識與先備知識間發生連結之際。「更精確的說，新學的知識整合於既有的基模與認知架構中，因為概念是構成這些基模與架構的基礎，所以**概念性知識**奠立了理解的基礎」（Anderson & Krathwohl, 2001, p. 70）。他們也解釋，藉由將事實性知識從概念性知識中區分出來，是為了強調「教育工作者需要教到**概念性知識的深度理解**，不只是為了記得片段而微不足道的事實性知識」（Anderson & Krathwohl, 2001, p. 42）。

布蘭斯福、布朗與高京（Bransford, Brown, & Cocking, 1999）在《學習原

理：心智、經驗與學校》（*How People Learn*）一書中建議：「組織資訊並融入**概念性架構**可以促進更深遠的**遷移**，亦即，讓學生將所學應用到新的情境，更快速的鞏固相關的學習資訊」（Bransford et al., 1999, p. 17）。書中繼續強調「粗淺教完學科領域中所有主題的方式必須汰換，改變成**深入的涵蓋少數主題以理解學科的核心概念**」（Bransford et al., 1999, p. 20）。而「專家的知識環繞著**重要的想法或概念**這個事實，意味著課程的設計方式也應該導向**概念性理解**」（Bransford et al., 1999, p. 42）。

提供教學的藍圖

　　本章討論了概念為本課程設計的重要基礎，為了瞭解本章伊始所描繪的課堂教學，讀者應對促成與指引這種教學的研究與課程設計具有信心。雖然已經有豐富的專業文獻討論如何進行促成遷移的教學，但直到最近二十年，一直欠缺的一塊拼圖是如何設計課程以提供正確的教學藍圖。因此，本書明確寫出概念為本英語文課程設計的構成要素，目的是讓教師們明白學生需要理解、知道與會做什麼，才能符合並超越年級或特定學科的課綱標準。

　　現在，想必讀者對我們致力推動的課程型態已經有了整體瞭解，下一章將詳細說明課程撰寫歷程的前置作業。

CHAPTER

03

啟程
進行前置作業

　　發展課程是個雜亂而繁瑣的歷程，當學區或學校決定發展新課程時，很多問題會被提出，第一個常見的疑問是：「我們從哪裡開始？」回顧促進變革成功或導致變革終止的影響因素是個不錯的起始點。

　　撰寫新課程意味著改變，但對多數人而言改變並非易事。聽到改變的提議時，每個人都有截然不同的反應；當教師們聽到要改變英語文課程，而且使用大家不熟悉的設計方法時，焦慮、恐懼、期待及憂心都會出現。因為新課程直接影響教師的工作，產生情緒化反應誠屬合理。在改變歷程中，課程領導人和所有利害關係人接觸與溝通的方式，將決定變革進行是否順利。

領導課程變革

　　有關變革歷程的論述眾多，在 Google 搜尋打出**變革歷程**（change process），馬上跳出兩百萬筆以上的結果（譯按：現已超過八十億筆資料）！

我們熟知改變，卻繼續目睹良善的變革意圖以失敗作終。你知道嗎？做過心臟繞道手術的患者中，有超過 90% 的人在一年後恢復原有的飲食習慣以及缺乏運動的生活型態！我在參與一場**領導果敢變革**（leading bold change）的研習中得知這個令人驚訝的事實。這場研習的主軸是約翰・考特（John Kotter）與侯格・賴斯基柏（Holger Rathgeber）合著的《我們的冰山正在融解：在任何情況下變革並成功》（*Our Iceberg Is Melting: Changing and Succeeding Under Any Conditions*, 2005）。這是本輕薄易讀、趣味橫生的寓言式小書，勾勒出立論嚴謹的八個變革步驟，可謂變革時代如何成功的最佳思考。讀者如果不熟悉變革理論，倒是值得花些時間，在領導一場大規模的課程變革冒險之前，先從這些理論中建立背景知識。如同前述，有關變革的資訊豐富，雖然本書的重點不在於變革歷程，但書中提出的建議也吻合變革研究提供的資訊。

　　學生測驗結果停滯不前或低落、學生人口組成改變、新領導者、當責的要求增加、教育領域新的學習及（或）各州與學區學業標準修正等，都是引發課程變革迫切需求的因素。當變革的急迫性真實存在時，課程領導團隊需要慎重而長期的承諾才能夠設計一套課程來處理以上問題。

組成課程領導團隊

　　在影響組織整體的複雜任務中，團隊合作是核心要素，真正做到教與學的轉型不是一個人或寫個計畫就可以達成。遴選對的課程領導團隊是不容輕忽的關鍵步驟。這些團隊的成員即將領導變革，還要協助持續的溝通、決策與回饋。

　　以下是一個成功團隊及其成員的特質：

- 團隊足以涵蓋全校層級、現場教師與專家，以及行政人員等系統中各個不同單位與多樣性。
- 團隊獲得教職員信任並有充分的影響力。

- 團隊由觀點不同的成員組成，但參與者都要能夠、也必須承諾把個人的目標留在會議室外，將學區與學生的權益放在第一位。
- 團隊成員由衷致力於課程的順利實踐，把組織的精進放在心上，尊敬且重視其他成員。
- 團隊成員具有完整的經驗與高度專業，瞭解課綱標準與其他課程領域的目標，竭力強化課程以因應學生需求並且具體可行。
- 成員明瞭團隊中的每個人擁有相同的發聲權利。
- 團隊成員擁有卓越的分析能力，及幫忙建立教師間課程分享網絡的意願。

信任對高效能團隊至為關鍵。在團隊會議中，成員可以公開表達並討論不同的看法，一旦決策達成共識後，個別成員務必支持團隊。若有成員違反團隊的保密約定或否定會議的決議，將是削弱團隊最快速的因素。

加入英語文課程領導團隊提供個人在領導與協作方面豐富的成長機會。由組織中各層級成員組成的領導團隊有助於確保各年級、跨年級與跨校的一致性，讓所有的學生都做好準備以面對未來。

在實際課程撰寫歷程展開之前，英語文課程領導團隊會先擬訂重要的決策以預先布局。隨後當更多教師加入實際課程設計時，這些先期決策有助於大家認真而全面的展開工作。

領導團隊可以從這四個任務開始：

1. 清楚說明願景
2. 決定課程設計模板（template）
3. 發展強大的單元標題
4. 規劃新課程的學習單元地圖

接下來我會詳述完成以上前置任務的步驟。

🖌 清楚說明願景

　　為了釐清未來課程方向，領導團隊首先要發展學區的英語文課程願景或課程哲學宣言。這項任務可能需要一兩次會議，以及一段時間以持續修改。

1. **要求團隊成員寫下自己對所屬學區讀寫素養學習的基本信念**。每個信念宣言中應該只包含一個概念，並且單獨寫在一張便利貼或紙卡上。「我相信……」這樣的宣言開始沖激出文化中人們奉為圭臬的核心價值，這些宣言將帶出豐厚的集體對話，並且立即建立個人與未來工作之間的連結。

2. **在大桌上陳列信念紙卡**。

3. **由團隊成員分類排列紙卡**，經由討論對分類達成共識。

4. **從團隊中徵召一位「起草人」**，將所有的想法整合成願景宣言的第一版草稿，在下一次會議時宣讀並討論這份草稿。

5. **選一位「二版起草人」統整團隊建議，編寫成第二版願景宣言**。這個歷程將會持續幾輪。

6. **團隊成員分頭到各校和英語文學科教師分享宣言草案**。領導團隊成員負有責任幫助彼此瞭解願景宣言演進過程，以及這份宣言如何反映英語文課程的未來樣貌。團隊成員同時蒐集各校教師的反應。

7. **團隊成員帶回蒐集到的回饋參加團隊全員集會**。編修過程持續進行，直到所有人同意「這就對了！」為止。常常是為了一兩個字詞一路微調，直到最後得到滿意的願景宣言。

　　願景宣言成為未來課程設計決策的指引，以及和家長、教職員溝通的重要工具。圖 3.1 提供一個學區運用以上歷程發展出的課程哲學宣言。

龐培若（Pomperaug）區域學校第 15 學區

適用於康乃狄克州密朵貝里（Middlebury）及梭斯貝里（Southbury）社區

第 15 學區 K-12 英語文課程哲學宣言

第 15 學區 K-12 英語文的課程目標是培養自我導向學習、有效溝通並積極參與這個讀寫能力多元化的社區。為了達成這個目標，我們始於認同學生具備的廣泛經驗會影響各自的學習，而他們生活的世界要求各種形式的高階讀寫能力。學生必須能夠批判性的思考、有效率的處理，並適切統整每天面對的鉅量資訊。

K-12 課程支持歷程導向的取徑，以學生在讀、寫、說、發表、聆聽與觀看中，達到理解與溝通所需的概念與技能為學習目標。本課程的最佳教學法是提供學生各種真實體驗及學生選擇的教學。當素養的維度擴展，學生將有更多機會從閱讀者與寫作者的角色中發現自我。

學生需要許多機會選擇、互動、反思並評析一套多元的高品質文本，藉以支持並挑戰學生的個人發展。學生同樣需要針對不同文類、閱聽眾與目的創作並反思書面文本與口頭發表。我們設計這些經驗來達成課程目標並點燃學生對讀寫的終身熱愛。

2009 年 5 月 1 日

副教育局長室

▶ 圖 3.1・學區英語文課程哲學宣言範例

來源：© Pomperaug Regional School District 15.

決定課程設計模板

有時學區會要求所有學科領域與年級運用格式相同的課程模板，首要條件是具備第四章課程撰寫步驟中詳細解釋的概念為本課程必備構成要素，這些要

素將使教與學截然不同。不同的單元構成要素可以排列出各式各樣的格式,個別學科運用一致格式誠屬合理,然而有些學科可能適合稍微不同的設計模板。通常領導團隊會完成以下步驟,再決定採納何種課程設計模板。

1. 從其他教師、其他學區及網路上蒐集並檢視不同的單元模板格式。本書建議的模板列示於第九章。

2. 討論哪種模板格式最有助於達到學科領域的獨特目標。不同模板中的元素可能跟討論中浮現的各種想法交互融合。

3. 和現場教師分享選取的模板,幫助教師瞭解如何運用模板發展課堂中的教學單元,同時尋求他們的建議。因為教師是課程的實施者,他們必須覺得課程模板合理可行;讓教師對模板發表意見可促進教師在變革初期對課程的擁有感,繼而在新課程完成後,更堅定的使用新課程。

4. 知道模板完成後,實施前的專業成長很重要。

📣 發展強大的單元標題

目前多數的英語文課程是由**學習單元**(unit of study)構成,而過去的英語文課程與課綱標準則多由零散的技能列表構成,以致教師糾結於是否將之納入教學。現在各州共同核心標準以及多數州的英語文課綱標準都著重於詮釋多文本或文本選集,依據明確而穩固的進度撰寫讀寫能力的目標。用單元的形式編寫英語文課程,有助於進行各州共同核心標準所重視的多文本綜整及比較性評價與分析。

除了表現目標(performance expectations)之外,課程單元必須確定學習的具體學科內容。因為概念為本課程的目標是深入而可遷移的理解,各單元標題中顯示的學科內容提供了媒介以利思考、反思、分析、理解並建立技能。英語文各州共同核心標準引述了神話、美國立國文獻、莎士比亞等特定單元主題,並進一步聲明「因此本標準必須輔以內容豐富、漸次開展並符合本文件目標的

課程」（Common Core State Standard Initiative, 2010, p. 6）。

　　為了達到以上標準，學生需要經歷許多不同文本類型的學習經驗。隨著學生進入國、高中，標準中增加了學生必須體驗的非小說文本比例；此外，各州共同核心標準中的多項表現目標要求精讀艱深文本與大量書寫。以上諸點的意涵指出英語文課程單元標題必須具體的說明主題，足以讓學習者拆解並進行嚴謹的分析。讀者開始擬訂單元標題前，我鄭重建議以下步驟：

1. **撥出時間熟悉你所屬州訂英語文標準或英語文各州共同核心標準的結構**，以及各年段目標的進展。這是課程領導團隊的必要工作。以往少有現場教師知道自己年級之外的課綱標準，但是，瞭解課程標準如何逐年建構，將使教師看出自己年段目標的重要性。

2. **盤點教師們目前進行的課程。**比對各州共同核心標準是個必要的策略，用以判斷教學內容與目標中是否存在各年級都沒教的缺漏或有重複的情形。初步的課程盤點也有助於辨識目前可用的文學資源，知識淵博的領導團隊可以有效率的完成盤點。現行課程中的單元標題如果沒有過時，也可能運用到新課程中。此外，在構思新課程時，曾在各年級與學生互動的教師，不管教了多久，都比較容易腦力激盪出學生覺得內容有趣的英語文單元標題。粗淺掠過無趣的內容難以吸引學生在智識面或情感面投入學習。在學年中少教幾個單元以保有較長的學習時間會帶來較高的投資報酬率，教師才可能真正教出理解的深度。

強大的單元標題符合下列基準：

● 呈現真實生活中進退兩難、發人深省的各種想法，以及容易抓住孩子注意力與好奇心的文類，以吸引因無聊而不想投入的學生。

● 以學生既有知識為基礎並挑戰其既有知識，而不是給學生只需要「完成就好」的內容。

● 激發探究與新的觀點。

　　三年級「交朋友與建立友誼」（Making Friends and Keeping Friends）這個的單元標題顯然符合上述基準。教過三年級的教師都知道這一年的同儕關係很重要——下課時誰跟誰玩？小六生則毫無抗拒的投入「我們如何可能改變世界？」（How Can We Change the World?）這個單元標題，他們喜歡跟自己有關係的目標然後支持這個目標。而「在舉世眾聲中定向」（Navigating Global Voices）這個高中程度的單元鼓勵所有的可能性。以上單元標題可以搭配不同文類的各種豐富內容。

　　傳統英語文教師開始時常犯的錯誤，是產出僅代表單一歷程的單元標題。例如：「文法」（Grammar）這個單元標題沒有呈現吸引人的學科內容。學生本來就要學文法，可以把具體的文法知識與技能留到每個單元的後段再詳細說明。

　　產出學習單元的適合內容有助於學生在面對日益複雜而多元的世界時，知道如何克服某些個人與社交挑戰。運用吸引人的學科內容作為讀寫能力的學習媒介，幫助學生找到內容中有意義的連結，進而帶出即將學習的知識、主要技能與理解之間的相關性。由於各州共同核心標準要求學生如何精讀，並學習如何從多元文本中論證、討論並比較證據，我們需要值得深入挖掘而適於熱烈評析的學習單元。最後，不可輕忽的一項理由是：教師會發現這樣的單元教起來更有趣也好玩！這會讓改變更加貼近初心。

規劃新課程的學習單元地圖

1. 課程領導團隊擔負起規劃學區英語文課程單元地圖初稿的責任。如果州政府已經採納各州共同核心標準，明智之舉是先閱讀英語文學科標準，特別是藉由學習單元建構知識的相關敘述。

在英語文學科中系統化的建立知識，如同給予各年級學童不同的拼圖圖片，假以時日會拼出全貌。在課程或教學層面，年級或跨年級的文本必須環繞著系統性發展學生知識基礎的主題或主旨取材。在同一年級內，每個主題應該有適度的標題數量，讓學生持續一段時間學習這個主題。學生在先前年級學到特定主題的知識應該在後續年級擴充並發展，以確保對相關主題的理解持續深入。小學高年級學童通常被期待要獨立閱讀文本並在書寫中反思，然而，低年級（特別是幼兒園到二年級）學童即應該依據「標準」的要求，藉由朗讀、口頭比較及對比、分析與綜整等方式反應書面文本，進而與成人進行豐富而具有結構性的對話。

閱讀複雜的訊息類（informational）文本的準備始於小學最低年級，藉由設計課程單元以聚焦於建立學童對閱讀歷程的概念性理解。（Common Core State Standards Initiative, 2010, p. 33）

2. 課程領導團隊核閱提議的單元標題，並開始完成各年級的全年度課程地圖，詳見表 3.1。

初步單元地圖提供全年度各年級的單元標題的建議概覽（回想第一章討論：在內心記得整體？）。一份 K-12 的單元地圖是變革的重要溝通工具，可以綜覽接下來要教什麼以及如何結合所有的單元。這個概覽幫助教師規劃教學之餘，也是溝通與評估課程的有效工具。海蒂·黑斯·傑可布（Heidi Hayes Jacobs）曾在數本著作中深入探討繪製課程地圖（curriculum mapping）。在課程發展歷程的不同時點，領導團隊必須決定課程地圖繪製的涵蓋範圍多廣，才足以持續支持、溝通與監控課程與教學。

表 3.1 ｜英語文課程地圖範例

龐培若區域學校第 15 學區
適用於康乃狄克州密朵貝里及梭斯貝里社區

第 15 學區 K-12 語文學習單元

年級	單元一 （標題）	單元二 （標題）	單元三 （標題）	
K	第一部分：成為閱讀者與寫作者	第二部分：成為閱讀者與寫作者		
1	我是閱讀者與寫作者	故事由什麼構成？	作家的研究	
2	開始瞭解人物（characters）	比較我們讀了什麼和如何閱讀	神話（mystery）的要素	
3	單元一：交朋友與建立友誼	單元二：探索非小說敘事（narrative）文與說明（expository）文	單元三：什麼是民間故事？	單元四：探索傳記（memoirs）
4	人物刻畫（characterization）：藉由小說瞭解人物；藉由傳記瞭解人們	單元二：讚嘆詩歌！	單元三：訊息類閱讀（非小說）	單元四：奇幻文學
5	衝突中的人物與人們	非小說：運用《預備、設定、研究！》（Ready, Set, Research! 譯按：一本撰寫研究報告的工具書，以四至七年級學生為對象。）	歷史小說	

（續下表）

年級	單元一 （標題）	單元二 （標題）	單元三 （標題）	單元四 （標題）
6	關係塑造了我們	專題文章：找出要旨（非小說）	短篇故事	我們如何可能改變世界？
7	歷史小說：藉由文學穿越時光旅行	媒體作為說服的力量	人性：在各種小說形式中找出普遍人性特質（寫實小說、科幻小說、奇幻文學）	詩歌
		──────→ （聲音的力量：整學年持續進行）──────→		
8	1. 聲音的力量	2. 神話	3. 成年的觀點	4. 人性與非人性的對比

課組	單元一	單元二	單元三	單元四
英文 I —— 我閱讀與寫作來瞭解自我……成為通曉讀寫者之後我的人生。	認同： 自由選讀	認同： 自由書寫	認同： 文本中的選擇	認同： 聆聽與口說
英文 II —— 我閱讀與寫作以瞭解其他人們、地方與時代。	人性： 聽見別人與自己的聲音	人性： 調和別人的聲音與自己的聲音	人性： 區分別人的聲音與自己的聲音	人性： 在舉世他者之間傳遞我們的聲音
英文 III —— 我閱讀與寫作以瞭解語言在民主中的角色：美國的聲音。	來自美國優勢的聲音	眾多衝突的美國聲音	機會與美國的聲音	眾多美國聲音的可信性
英文 IV —— 我閱讀、寫作並創造以參與並影響我們全球社會。	全球議題與媒體識讀	在舉世眾聲中定向	高三第二學期選修課組	

來源：© Pomperaug Regional School District 15.

3. 在地圖定案前，尋求教職員對單元地圖的建議標題提出回應，提供這些寶貴回饋與建議的收件地點。從學區領導團隊到學校，再從學校回到學區，反覆而持續的溝通對變革歷程很有幫助。即使無法得到百分之百的認同，教師通常會提出團隊未必想到的洞見。例如：雖然提議的單元標題看起來很動人，但找到課程單元教學資源的難度可能很高，而且這種情形絕非例外。

4. 英語文課程領導團隊在起草單元地圖時還有幾個考量。當領導團隊設法解決以下個別問題時，同時形成這個學習單元的集體承諾：

   ● 各年級應該有幾個單元呢？（選擇較少單元進行深入學習，或單元過多而導致過重的課程負擔與粗淺的學習經驗。）

   ● 以下列何者主導單元標題？某種文類（genre）？某一本書？某（幾）位作者？某個概念性想法或主旨？某個歷程？（團隊必須充分討論每種模式的優缺點。）

   ● 這些單元會跨學科（跨越幾個學科統整）嗎？或在單一學科內（專屬某一學科）？

   ● 這些單元已經有哪些可運用的資源？還需要哪些資源？

   ● 如何隨著幼兒園到十二年級的單元進度逐年增進複雜度？

　　當團隊成員討論前述第二個問題時，會開始看出每種單元類型的優缺點。例如，深入學習歷史小說這種文類時，學生將瞭解特定類型書籍的形式與細微差異，這些知識與理解增進了學生對這種文類的閱讀理解。當學生瞭解某種文類如何「運作」時，他們也能夠把結構、詞彙與閱聽眾期待等概念中的模式納入自己的寫作。可以在不同年級安排特定文類的單元，讓學生有機會發掘某種文類中多重文本與不同作者之間有趣的相同與相異點。最後，對文類元素的覺察將促進學生賞析文類所涉及的整體面向。

　　但是，允許學生有充裕的時間研讀並探究某文類單元的多篇不同文本的確花時間。如果所有的單元都是文類研究，那麼除非每年在各年級都安排很多單元，否則學生在未來幾年都學不到新的文類或無法重溫學過的文類。這些討論又把我們帶回廣度與深度的老問題。

　　如果課程單元圍繞著**概念性想法、問題或歷程**編寫，就可以把各種文類穿插在單元中，讓學生覺知文類的區別。但是，如果**所有**的學習單元都用這種偏重通論的方式呈現，學生對特定文類進行偶發、密切學習的機會將被剝奪。從表 3.1 可以看到，學區藉由納入文類、作者、概念性想法與歷程等學習單元形成單元地圖以發揮各自的優勢，同時解決這個問題。值得記下來的重點是：吸引學生投入與贏得學生關注的單元將引起學生高度的學習動機。

5. 領導團隊召集課程**撰寫**團隊。

　　有些時候，公告課程撰寫任務是徵求教師的最佳途徑（見圖 3.2）。徵求對象包括哪些教師則依經費與課程計畫範圍而定，理想上是將幼兒園到十二年級的教師納入撰寫團隊。建立系統化作業對促進連貫性與教師承諾極為有利，但領導團隊不一定能夠掌控這些重要決定。

　　如果運用公告方式徵求課程撰寫者，公告必須包括：

● 參與教師的工作日數

● 薪資

● 承諾全勤出席**所有**預估時程的重要性

● 有關領導團隊如何遴選課程撰寫者的資訊

● 有關申請者的簡短聲明，敘述過去課程撰寫經驗，以及為什麼有興趣參與新課程撰寫

致：K-12 教師

主題：2012 年暑期語文課程撰寫

日期：2012 年 5 月 29 日，星期二

公告日期：2012 年 5 月 29 日，星期二

截止日期：2012 年 6 月 15 日，星期五

K-12 語文課程撰寫

經費僅供每個年級聘用四人。

以平衡不同學校的代表性為優先考量。

高中——媒體中心

每天上午 8:30 到下午 2:00

2012 年 6 月 25 日星期一，與 2012 年 6 月 26 日星期二

（中午休息半小時，請自備午餐）

時薪：（合約時薪）× 每天 5 小時

申請方式：請遞交簡短申請函，註明年級、學校所在地及參與課程撰寫之相關經驗，寄到 asstsuper@centraloffice.org。

如有任何疑問請徑洽貴校語文科召集人，或請致電（200）750-8000，分機 114，副局長辦公室。

參加通知：我們會在學年結束前寄發電郵給通過遴選的教師，以組成代表所有年級與學校的全學區課程撰寫團隊。

副本傳送：語文教學領導教師

▶ 圖 3.2・撰寫 K-12 語文課程的徵召公告

課程撰寫團隊更多相關內容將詳述於第二部的設計歷程導讀中。

透過課程地圖看見全貌確實讓每個人一開始就感覺振奮，並吸引大家想像可能的發展，仍但要記得在撰寫學習單元的歷程中，保持課程地圖的彈性與流暢。

回顧概念為本的課程

至此，課程領導與課程撰寫團隊已經準備好來檢視概念為本課程的詞彙術語，進而運用第四章至第八章的課程設計步驟向前邁進。我們期望學生在課堂中紮實的提升認知，現在已經擴展為課程團隊所有成員的期待！

剛開始設計任務時，思考英語文學科中的概念及撰寫通則可能令人感覺陌生，課程撰寫團隊及領導團隊的專業成長，和課程運用者的專業成長一樣重要，領導團隊的成員要準備好在混亂的課程撰寫歷程中面對張力十足的對話。在任務進行中，琳恩・艾瑞克森（Erickson, 2007, 2008）針對概念為本的專書搭配本書將是團隊可以一再探訪的參考資源。

總結

課程撰寫是多面向的歷程，並且預期會有大量的改變。當被告知要放棄過去的做法，改用新方法教學，而課程變革直接衝擊教師的工作，因而會快速擾動教師的情緒。主事者推動英語文課程的願景時，必須具備敏銳的覺察，我們樂觀期待許多教師對新課程帶來的機會感到興奮，但也有些教師可能比其他人更加憂慮。

因此，在邀請更多教師加入課程撰寫作業之前，領導團隊得先處理一些奠定成功變革基礎的重要工作。本章所述領導團隊的前置作業有助於確保課程倡議跨出正向的起步、清楚說明願景，並建立基本課程結構。領導團隊邀請更多教師參與英語文課程設計，為教師增能以共同發展徹底改變學生讀寫學習的單元。

大衛・柏金斯（Perkins, 2009）提醒我們要為理解而教，並鼓勵教師的教學焦點環繞著「生成性主題」（generative topics）或學科的核心主題、回應學生

的興趣或顧慮,並提供深刻內省與嶄新的應用機會。「我們最重要的選擇是想要教什麼」(Perkins, 2009, p. 61)。英語文課程中的每個單元都必須支持難以忘懷而激發人心的讀寫學習。

　　設計概念為本的課程時,務必在心中掌握以上理念,這也是教出可遷移理解的基礎。接下來,第二部的設計歷程導讀提供了整體概覽——亦即設計概念為本英語文課程的所有必要步驟。第四章到第八章將詳細引導你走過所有設計步驟。你的基礎已經到位,準備好來動手撰寫課程!

PART

II

設計歷程導讀

　　琳恩‧艾瑞克森在《喚醒腦、心、靈》（*Stirring the Head, Heart, and Soul*）一書中，概述如何設計跨學科與單一學科課程的概念為本教學單元。本書將依據艾瑞克森的論述客製化英語文專屬的設計歷程。

　　概念為本的課程設計步驟列示於下頁。在本書第二部的各章中，我將引導讀者走過每個設計步驟。

　　一如多數複雜的歷程，單元規劃未必總是簡捷的線性作業。本書中的每個步驟都依照自然順序排列，為下一個步驟奠立基礎。然而，隨著課程單元逐漸成形，你將會穿梭於各個步驟之間往返調整。

組成課程撰寫團隊

接著延續第三章結尾提出的想法，對組成課程撰寫團隊提出以下建議。

- 收到課程撰寫的應徵申請並審查完畢後，領導團隊從中挑選課程撰寫團隊的成員。

- 盡量在每個年級的小組中納入不同學校的代表，讓成員把課程撰寫任務視為整個系統的承諾，一起學習設計流程。目睹所有年級的教師互動並相互幫助深具意義——這通常是高中教師第一次有機會跟小學教師合作！

- 領導團隊必須努力平衡資深教師與新手教師在課程撰寫過程中的參與。

- 邀請讀寫專家以及特殊教育教師、圖書館媒體專家和教育科技教師一同參與課程撰寫。如果這些專家熟知團隊對新課程的期待，將更加鞏固課程設計的連貫性。這些專家也可以為撰寫歷程的步驟九（建議的學習經驗）帶來獨到的觀點。例如，專家可以提供如何將科技融入教學，以及如何設計最適切的差異化學習經驗等專業知能。

- 理想上，各年級團隊由三到六位教師組成。

概念為本的英語文單元設計步驟

步驟一：

創建單元標題。

步驟二：

辨識出使單元聚焦並促進綜效性思考的概念透鏡。

步驟三：

圍繞著**瞭解文本、反應文本、評析文本**，以及**生成文本**四條支線發展單元網絡中的次主題與概念。腦力激盪產出單元網絡後，劃底線標示出概念，將有利於在下個階段快速擷取概念。

步驟四：

寫下你期待學生從這個單元中學到的通則，確保這個通則符合優質通則的標準。

步驟五：

腦力激盪出促進學生逐步朝向通則思考的引導問題。引導問題應該註明為事實性（factual）、概念性（conceptual）以及激發性（provocative）三種類型。

步驟六：

辨識出學生在單元結束時必須知道的關鍵內容。

步驟七：

辨識出學生在單元結束時必須會展現的主要技能。

步驟八：

撰寫通用性的終點評量，以顯示學生對重要通則的理解程度、對關鍵內容與主要技能的知識等面向。發展出評分説明（scoring guide）或評量規準（rubrics），提供教師評量學生任務時必須檢視的明確基準。

步驟九：

提供**建議的**學習經驗，以確保學生為達到預期的終點評量結果做好準備，並反映出為理解而教的達成程度。建議針對學生在單元結束時應該理解什麼、知道什麼、會做什麼，提供真實而有意義的學習經驗範例。此外，學習經驗中可以包括課堂進行的速度、單元內小測驗、差異化學習、單元資源等想法。

步驟十：

撰寫單元概述（用學生的口吻），作為抓住學生興趣與注意力的單元簡介。

出自於劉恆昌、李憶慈、李丕寧（譯）（2022）。L. A. Lanning 著。**設計概念為本的英語文課程：符合課綱標準與智識整全性**。心理出版社。

● 整個課程撰寫團隊的人數上限約為三十五到四十位成員。成員太多時，領導團隊的組織效率可能會變低落。

領導團隊的角色

當這個大型課程設計團隊召集完成後，需要領導團隊協助以開始單元撰寫。領導團隊通常會先回顧英語文願景宣言、課程模板的格式以及 K-12 課程地圖等文件，然後啟動任務；並解釋撰寫開始後，雖然可能需要「微調」，但這些文件提供了撰寫工作順利啟動的基礎架構。

撰寫歷程開始後，課程領導團隊成員要穿梭於三至六位老師一組的各年級課程小組之間。這除了有助於增強成員對領導團隊的認可，也讓領導團隊鞏固設計歷程，並對全學區的其他課程設計成員強調前置決策背後的理由。

對教師來說，撰寫課程是寶貴且意義重大的專業成長活動。在發展新課程之外，這項任務也啟發了教師對課程的理解與思考，所以這個過程會花時間。因為這不是個「填表格」形式的課程，而是需要深度思考、討論與新學習的過程。

單元規劃格式

第 50 頁至第 56 頁的模板提供了單元規劃的參考格式，也可以作為逐步撰寫課程的指引。讀者可以造訪 www.corwin.com/conceptbasedcurriculumK-12 找到可供列印的版本（密碼為 language）。

概念為本的課程單元模板

K-12 英語文課程

年級：_____

單元：_____

標題：_____

日期：_____

出自於劉恆昌、李憶慈、李丕寧（譯）（2022）。L. A. Lanning 著。**設計概念為本的英語文課程：符合課綱標準與智識整全性**。心理出版社。

年級：＿＿＿＿＿＿＿＿＿

單元標題：

概念透鏡：

瞭解文本：

反應文本：

單元標題：

生成文本：

評析文本：

出自於劉恆昌、李憶慈、李丕寧（譯）（2022）。L. A. Lanning 著。**設計概念為本的英語文課程：符合課綱標準與智識整全性**。心理出版社。

年級：＿＿＿＿＿＿＿＿＿＿＿

單元標題：

概念透鏡：

單元概述（吸引學生投入的單元內容摘要介紹）：

科技融入（教師或學生需要運用哪些技能？需要具備多少知識，或對網路和工具的熟悉程度有多少？）：

本單元涵蓋的學業標準或國家頒定課綱：

來源：改編自 Erickson, 2008。

出自於劉恆昌、李憶慈、李丕寧（譯）（2022）。L. A. Lanning 著。設計**概念為本**的**英語文課程：符合課綱標準與智識整全性**。心理出版社。

年級：＿＿＿＿＿＿＿＿＿

單元標題：＿＿＿＿＿＿＿＿＿

通則	引導問題 （**F**＝事實性；**C**＝概念性；**P**＝激發性）

來源：改編自 Erickson, 2008。

出自於劉恆昌、李憶慈、李丕寧（譯）（2022）。L. A. Lanning 著。**設計概念為本的英語文課程：符合課綱標準與智識整全性**。心理出版社。

關鍵內容與主要技能

關鍵內容 學生會知道什麼	主要技能 學生將能夠做什麼
瞭解文本：	瞭解文本：
反應文本：	反應文本：
評析文本：	評析文本：
生成文本：	生成文本：

出自於劉恆昌、李憶慈、李丕寧（譯）（2022）。L. A. Lanning 著。設計概念為本的英語文課程：符合課綱標準與智識整全性。心理出版社。

年級：＿＿＿＿＿＿＿＿＿＿＿＿

建議的時間表	建議的學習經驗 （教師可以……）	評量 （建議以及 必須**）	差異化教學 （支持與延伸）	資源

重要資源：

E：容易（Easy）　　　　　　　　　　C：挑戰級（Challenging）

T：年度中當季代表性　　　　　　　　MT：範文（Mentor text）

　　（Typical for this time of year）

出自於劉恆昌、李憶慈、李丕寧（譯）（2022）。L. A. Lanning 著。**設計概念為本的英語文課程：符合課綱標準與智識整全性**。心理出版社。

單元終點評量

什麼？

為什麼？

如何做？

來源：改編自 Erickson, 2008。

出自於劉恆昌、李憶慈、李丕寧（譯）（2022）。L. A. Lanning 著。**設計概念為本的英語文課程：符合課綱標準與智識整全性**。心理出版社。

CHAPTER

04

設計課程之
步驟一與步驟二

在第二部設計歷程導讀的結尾處，我提供了一個單元規劃模板，用來引導讀者逐步完成撰寫歷程。在本章中，我們將處理前兩個步驟，然後你就可以填寫第 51 頁所示模板的上半部。

步驟一：創建單元標題

如第三章所討論，英語文單元標題可能是接下來要探索的概念構想〔如「人道與非人道的對比」（Humanity versus Inhumanity）〕、可能是特定的文類〔如「兇手是誰？探索懸疑事件！」（Whodunit? Exploring Mysteries!）〕或者可能是一個作者研究〔如「莎士比亞現身」（Shakespeare Comes Alive）〕。課程單元地圖列出學區領導團隊在前置作業中參酌教師建議、經討論而提出的各年級全年度標題（詳見第三章「規劃新課程的學習單元地圖」）。完成模板的封面頁後，於規劃網絡的中央填入單元標題——這個標題代表本單元中將要學習的內容。

步驟二：辨識概念透鏡

第二步是辨識出能整合與聚焦本單元的**概念透鏡**（conceptual lens）。什麼是概念透鏡呢？

- 概念透鏡是一個可以在概念層級協助統整學生思考的宏觀概念。藉由概念透鏡，學生會更容易看到想法與各種事例之間的模式與連結。

> **概念透鏡**是一個可以在概念層級協助統整學生思考的宏觀概念。藉由概念透鏡，學生會更容易看到想法與各種事例之間的模式與連結。

- 透鏡是用來審視、融合單元內事實與概念的觀點。單元的概念透鏡是在探索學習內容時，能用來引導思考或輔助思考的工具。

- 透鏡提供思考該單元時的**聚焦點**。

我們只能專注於有限的事物。史登博（Sternberg, 1996）把注意力定義為「在感官、既有記憶以及其他認知過程可以得到的鉅量資訊中，我們積極的處理有限資訊的現象」（p. 69）。有了這層理解後，課程與教學設計就要盡可能**充分利用**並**引導**學生的注意力到重要的內容上，而這正是單元的概念透鏡派上用場之處——概念透鏡將學生的注意力導向學科內容的特定層面，以及單元中特定的複雜歷程。

艾瑞克森（Erickson, 2008）解釋過課程與教學必須創造低層級與概念層級思考之間的**綜效**，以吸引學生投入智能。**概念透鏡**則提供概念層級的焦點以指引單元設計與教學，藉以為綜效性思考奠立基礎。

> **概念透鏡**為低層級與概念層級思考之間的綜效奠立基礎，以吸引學生投入智能（Erickson, 2008）。

舉例來說，在「作者研究：三位截然不同的作家」單元中，如果目標專注於瞭解獨特的寫作風格，概念透鏡可能會是「作家的技法」。因為學生讀過單

元中每位作家的作品，教師會把學生的注意力導向構成「作家的技法」的具體
（或微觀）概念，並比較其異同。以下是在挑選單元概念透鏡時，能夠幫助你
思考的補充要點：

- **用概念透鏡作為知覺的過濾器，藉以組織或學習該單元的微觀概**
  念。在上述的例子，當學生檢視不同舉例中「作家的技法」時，概念
  透鏡提供了學生思考的參考框架。透過這樣的學習經驗，學生開始能
  夠獨立而流暢的整合較低層級（事實性）與概念層級之間的思考。

- **不同的概念透鏡會改變單元焦點**。如果我們把概念透鏡改成「觀
  點」，而把焦點改成比較作者關於某個主題的訊息，上述單元的走向將
  會有所不同。如你所見，概念透鏡是形塑整體單元視野的強大工具。

- **概念透鏡取材自學科的重要概念**。常見的英語文學科概念透鏡列示於
  表 4.1。你會注意到範例中的透鏡（非封閉排他！）與學科相關、在整
  個單元中指引學生的思考與教師的教學，並幫助學生深化英語文的理
  解。英語文課程撰寫者常會犯這個錯誤：選擇與社會科或其他學科領
  域關聯性更高的透鏡。例如像「社群」這樣的透鏡，對跨學科單元可
  能是個絕佳的透鏡，但實際上可能使焦點遠離英語文學科。

表 4.1 ｜ 英語文單元中的概念透鏡範例

關係 （Relationships）	推論 （Inference）	文本結構 （Text structure）	意圖 （Intent）	論證 （Argumentation）
衝突 （Conflict）	主旨 （Theme）	文本形式 （Text features）	語言 （Language）	觀點 （Perspectives）
人物刻畫 （Characterization）	技法 （Craft）	文類 （Genres）	研究 （Research）	模式 （Patterns）
解構 （Deconstruction）	歷程 （Process）	影響 （Influence）	說服 （Persuasion）	聲音 （Voice）
身份 （Identity）	選擇 （Choices）	表達 （Expression）	氛圍 （Mood）	形式 （Form）

- **有時概念透鏡可以由兩個字詞組成**。前面提到用「社群」作為透鏡可能使焦點偏離英語文學科，但如果跟另一個概念結合後，就可能成為適合英語文單元的概念透鏡。例如，「主旨／社群」將使焦點更貼近英語文學科。想要讓單元比以前所學更加明確（或更深入）時，結合兩個概念來形塑單元焦點特別有用（例如：「人物」這個概念透鏡可能挺適合小學階段，但「人物／關係」會更適合中學階段，因為故事中對人物的探討更加細緻複雜）。如果單元目的想聚焦在兩個概念，像是「文類／文本結構」時，雙重概念透鏡也會很有效。

- **概念透鏡通常是在檢視完單元標題、思考單元焦點之後決定，但不是永遠都如此**。有時候，教師要規劃到步驟三（見第五章）後，最佳概念透鏡才會浮現出來並做出選擇；或者有時候，隨著單元發展，依據標題隨即選定的透鏡可能需要變更。最後一個提醒：如果某個概念太過狹隘（例如：「靜態人物」），就不適合當作概念透鏡。這樣的概念意涵極可能涵蓋在所學單元之內，但過度限縮學習的範圍與思考的統整。在《創造思考的教室：概念為本的課程與教學》（*Concept-Based Curriculum and Instruction for the Thinking Classroom*，譯按：指原文書第一版，無繁體中文譯本）一書中，艾瑞克森（Erickson, 2007, p. 12）提供了依學科領域區分的常用概念透鏡列表。此外，瀏覽第五章單元範例中的透鏡，也可能有助於激發更多想法。

總結

在探索學習的內容時，單元的概念透鏡成為伴隨思考或輔助思考的工具。正如相機的鏡頭，其設計是用來放大學科內容，並蒐集乍看之下肉眼注意不到的細節。單元的概念透鏡提供了強化且聚焦思考的概念，因而能夠從概念層級解讀較低層級的技能與事實性知識（內容），使各個案例中蘊含的模式更加顯而易見。如之前討論，概念層級的理解奠立了將理解遷移到新情境的基礎，這也是我們的終極目標！

第五章將深入探討發展單元網絡的歷程，你所學到概念的定義將進入實作演練。單元網絡的品質將會主導課程單元中其餘構成要素的品質，因此需要耐心與堅持！

CHAPTER

05

設計課程之
步驟三

　　厄爾・南丁格爾（Earl Nightingale）告訴我們：「我們會變成我們**想像**的樣子。」概念為本的課程撰寫歷程挑戰所有參與者的思考。然而，相較於接觸概念為本課程設計之前，多數的人最終會發現自己對教學與學習的處理方式大不相同——他們成為以概念為本的教師，並吸引其他人致力於提升智識的標竿。

　　教育工作者非常重視學生的思考。一份讓學生「動腦」或**激發想法**的教材，需要動腦筋的教師掌控課程的發展與執行。但如何創造出課程以促進思考的教室，其實是需要退一步思考來找出解決方法的挑戰性任務。

　　跟學生一樣，許多專業人士剛開始認識新的、不同類型的學習方式時，會感到不自在。剛開始接觸概念為本的課程時需要瞭解一些新術語、接受自己在歷程中會不時心生疑惑，並且瞭解：想要展現課程設計的威力，就必須持續而深入的思考。這也是為什麼課程撰寫是如此寶貴的專業成長經驗的原因之一。這些思考不會在課程撰寫完成時停止；課程撰寫者還會感受到傳遞概念為本教學中智識本質的責任，並促進保有設計完整性的課堂實踐。

　　毫無疑問的，課堂實踐將需要更多的教師專業成長。概念為本的課程必須遠離講授資訊的教學法，轉向促進綜效性思考的教學法。教師必須學習、練習這種教學法，並將其融入自己的獨特風格中。但在考量執行面之前，我們要先完成單元設計。所以讓我們進展到英語文概念為本課程設計的步驟三。請繼續運用前幾章開始填寫的表格（第 51 頁）作為模板，請注意，課程單元的撰寫不一定會按照模板中的頁次順序；我們會在介紹各單元構成要素時再解釋原因。

步驟三：創建單元網絡

單元網絡的結構

　　單元網絡的目的在於辨識出可能的次主題以及可以納入單元的概念。完成單元網絡的過程像是腦力激盪與撰寫的前置作業。這是個重要的第一步，我們刻意的啟動概念性思維，讓我們在考慮重要的事實與技能之前，先進行理解層級的思考。

　　我們用**支線**（strands）來組織單元網絡中的次主題與概念，支線環繞著單元標題與概念透鏡，用清楚而有說服力的表達方式，呈現英語文學科標準所期許

> **支線**用清楚而有說服力的表達方式，呈現英語文學科標準所期許的**能力**。

的**能力**。創建單元網絡為設計團隊帶來能量與專注的焦點。英語文單元網絡的支線包括：

- 瞭解文本（understanding text）
- 反應文本（responding to text）
- 評析文本（critiquing text）
- 生成文本（producing text）

在每條支線中，**文本**（text）一詞的運用具有廣泛含義。**文本**被界定為用來溝通想法、情感或資訊的任何印刷或非印刷媒介。下一小節定義各條支線時，

> **文本**被界定為用來溝通想法、情感或資訊的任何印刷或非印刷媒介。

我會進一步解釋文本。這些支線奠立英語文學科各種歷程之間整合與密切相互性的基礎。例如，**瞭解文本**這條支線代表在**觀賞**電影、**閱讀**平面媒體，或**聆聽**演講時的**意義建構**；而**生成文本**這條支線則包含**書寫**、**口說**與**發表**等歷程。

各支線如何定義？

｜瞭解文本｜

這條支線代表為了從閱讀、聆聽或觀看的文本中**建構意義**，學習者必須懂的概念。只有表面層次的理解是不夠的，深刻的領悟需要達到概念層

> **瞭解**文本代表為了從閱讀、聆聽或觀看的文本中**建構意義**，學習者必須懂的概念。

級的理解、反映新連結的周詳反應，以及批判性分析資訊的能力。

｜反應文本｜

這條支線包含閱讀者、寫作者、聆聽者以及觀看者為了生成優質反應，並在對話中扮演有效角色而必須懂的概念。如果希望學生的反應超越諸如「我喜歡這本書」或「真的好棒」或「這很無聊」，這條支線非常重要。

> **反應**文本包含閱讀者、寫作者、聆聽者以及觀看者為了生成優質反應，並在對話中扮演有效角色而必須懂的概念。

反應文本特別奠定了以下三者的發展基礎：

- **協作**。21 世紀的技能重視在多元世界中的協作，為了要讓學生能夠協作，他們必須學會如何因應閱聽眾、任務與目的而調整溝通與回應的方式。**反應文本**奠立個人連結與回應文本的基礎，同時也對其他人的想法保持心智開放。反應可以突顯文本如何碰撞、改變或呼應個人的觀點，並且可引用文本中的證據來支持這些反應。當學生考慮其他人的反應時，他們往往會珍視這些自己不曾注意到的細節。**反應文本**這條支線有助於學生瞭解：探求別人的反應、投入並保持開放心智進行思考與互動等將如何深化自己的學習。

- **交換想法**。如上所述，反應不僅能分享個人的想法或感受。我們知道社會交換（social exchange）能夠提升個人思考並深化理解，為了確保對話有意義，我們必須瞭解反應這種實作背後蘊含的概念。當我們提供學生反應文本的機會，剛開始會要求他們解釋所讀的文本或內容對他們有什麼影響，而在學生分享與討論彼此對文本的反應時，他們會開始聽到自己本來沒有留意的想法，也可能檢視全新的觀點。在當今多樣化的課堂中，反應的脈絡促進想法交流而擴大各種文化視角的理解。

- **個人連結**。「個人連結」是常被列入反應文本這條支線下的概念。如果希望學生創造有意義的連結以深化理解，學生需要瞭解「連結」這個概念（Lanning, 2009）。再次強調，逐年升級時，概念會變得更加細緻複雜。

本支線中的其他概念範例包含：

- 討論協定（discussion protocols）
- 反思（reflection）
- 背景知識（background knowledge）
- 想法綜整（synthesis of ideas）

- 責任（responsibility）
- 參與（participation）
- 回饋（feedback）
- 焦點（focus）
- 釐清（clarification）
- 解釋（explanation）
- 問題（questions）

反應文本強化並增進**瞭解文本**，反之亦然。

｜ 評 析 文 本 ｜

　　雖然有人可以提出充分理由，主張**評析文本**其實是**反應文本**的分支，但區分開來也有理由。在過去，中學教師常會過度強調評析文本，會花幾個禮拜來解構與分析一項作品，而犧牲了學生把個人反應帶到對話中的機會。國小教師則往往走向另一個極端：國小學生會有機會說為什麼喜歡或不喜歡某本書，以及自己如何與文本建立連結；但其中只有極少的評析成分！各州共同核心標準對精讀充滿著期待——各年段都要進行深度分析。我只希望深度分析不要被詮釋為教師恢復以往連珠炮般對學生拋出書本內容的各類問題，諸如：「瑪麗是誰？」「她在花園種了什麼？」「花有哪些顏色？」

　　評析文本這條網絡支線找出閱讀者與聆聽者為了**鑑賞**文本而必須懂的概念。各州共同核心標準強調多文本比較、圖形資訊判讀、質疑寫作者與講話者的假設等能

> **評析文本**找出閱讀者與聆聽者為了**鑑賞**文本而必須懂的概念。

力的重要性，對概念的理解讓學生知道這些複雜技巧攸關而重要。評析文本也提供機會，發展學生對作者技法的鑑賞力。**瞭解**評析的價值及重要性也幫助學生成為全球資訊的精明消費者。

| 生 成 文 本 |

　　生成文本這條支線處理有關文本生成或產出的重要概念。生成的形式包括演講、發表、視覺表達、多媒體或寫作等。瞭解投入文本產出的重要內容、歷程、策略、技能等背後的概念，為新情

> **生成文本**處理有關文本生成或產出的重要概念。生成的形式包括演講、發表、視覺表達、多媒體或寫作等。

境的學習遷移奠立基礎。例如，「聲音」這個廣博的概念可能與某單元相關；根據不同年段，「聲音」這個宏觀概念可以拆解出某些微觀概念或想法，而可能出現在**生成文本**網絡支線之下，包括：

感覺／情緒（feelings/emotions）	單字（vocabulary）
讀者覺察（audience awareness）	真確性（authenticity）
個人的／私人的（individual/personal）	風格（style）
字體選擇（font choice）	氛圍（mood）
語氣（tone）	直接／間接敘述（direct/indirect voice）

為什麼是這些支線？

　　我們精心挑選而推薦這四條支線，是因為它們促進教學的統整，並且凸顯了完整英語文課程**欲求的結果**，而不只把英語文課程當成達到目標的工具。有別於把聽、說、讀、寫、觀看與發表等溝通歷程切割成互不相關的網絡支線，本書建議的**瞭解文本、生成文本、反應文本**與**評析文本**等四條支線代表更加統整、全面且平衡的讀寫能力學習取徑。這同時也是各州共同核心標準所鼓勵的方法：

雖然本標準區分為讀、寫、說與聽，以及語言支線來促進概念清晰，溝通歷程其實是緊密相連的，如同共同核心標準從頭到尾所反映。（Common Core State Standards Initiative, 2010, p. 4）

這四條網絡支線都鼓勵運用多元、有變化的文本資源。文本更應該被用來作為練習英語文必要素養的「載具」，而不是學習的主要焦點。我們要的是閱讀者與寫作者，不是書本與文章！我們想要充分培養的是英語文中必要的**歷程**，讓學生在種類不同而內容多元的文本中靈活的遷移應用這些歷程。

回顧一下，這些支線用清楚而有說服力的表達方式，呈現英語文學科標準所期許的**能力**，而每條支線中**文本**的定義則是**用來溝通想法、情感或資訊的任何印刷或非印刷媒介**。

次主題與概念

接著，你要在單元網絡的每條支線項下列出「次主題」與「概念」。還記得在第二章介紹的知識性結構與歷程性結構（第 20 頁，圖 2.2）嗎？記得這兩種結構非常重要，因為接下來你會看到單元網絡如何從**知識與歷程**中衍生出次主題與概念。

> 次主題可能是明確的事實性資訊或是資源名稱，像是書本名稱、多媒體、劇作或研究歷程。

> 每條支線的相關**概念**包括單元教學中的重要想法，這些概念則由內容與關鍵歷程兩種來源中提取而得。

每條支線下所列的**次主題**可能是明確的事實性資訊或是資源名稱，像是書本名稱、多媒體、劇作或研究歷程（例如：資訊素養六大技能，Big 6）。每條支線的相關**概念**包括單元教學中的重要想法，這些概念則由內容與關鍵歷程兩種來源中提取而得。說到這裡，在學習如何創建優質單元網絡前，你可能會想看看網絡範例的樣貌（見圖 5.1a、5.1b 與 5.1c）。

學習單元：**以作者為寫作導師**（Authors as Writing Mentors）

年級：九

概念透鏡：作者的技法

瞭解文本（R, L）

- 因／果（cause/effect）
- 推論（inference）
- 用字選擇／對話／語氣
  （word choice/dialogue/tone）
- 意象（imagery）
- 文本連結（connections to text）
- 順序（sequence）
- 總結（summary）
- 故事元素／組織
  （story element/organization）
- 主要想法（central idea）
- 象徵主義（symbolism）
- 不同時代的特色（characteristics of various time periods）

反應文本（W, S）

- 詮釋（interpretation）
- 習得經驗（lesson learned）
- 反思（reflections）
- 結論（conclusions）
- 個人視角（personal point of view）
- 文本證據（textual evidence）
- 協作（collaboration）

單元標題：
以作者為寫作導師

生成文本（W, S）

- 寫作歷程（writing process）
- 作者技法的元素（elements of author's craft）
- 短篇故事的元素（elements of short stories）
- 文本結構的視覺呈現（visual presentations of text structures）
- 時間軸（timelines）
- 象徵性語言（figurative language）
- 客觀的總結（objective summary）
- 寫作工具／範文（writing tools/mentor texts）

評析文本（L, W, S）

- 文本結構與作者技法（text structure and author's craft）
- 批判性立場（critical stance）
- 作者的背景與興趣（author's background and interests）
- 事實與虛構的對比（fact vs. fiction）
- 人物發展與動機（character development and motivations）
- 主旨發展（theme development）
- 偏見（bias）

（續下圖）

英語文學科標準（愛荷華核心）

RL.9-10.1. 引述重要且完整的文本證據以支持文本分析，包括文本明白的說了什麼以及從文本中提取出的推論。

RL.9-10.2. 決定文本的主旨或主要想法，並詳細分析主旨或主要想法在整篇文本中的發展。包括如何在明確細節中浮現、塑造並精煉主旨或主要想法，最後提供文本的客觀總結。

RL.9-10.3. 分析複雜的人物（例如：具備多元或衝突性動機的那些人物）在整篇文本中如何發展、與其他人物互動，並推進情節或發展主旨。

RL.9-10.4. 判斷字詞、片語在文本中的意義，包括象徵性與內含（connotative）意義，分析特定用字選擇對意義與語氣的累計影響（例如：語言如何喚起時間與地點的感知、如何設定正式或非正式的語氣）。

代號：R＝讀（Reading）　W＝寫（Writing）　L＝聽（Listening）　S＝說（Speaking）

▶ 圖 5.1a・九年級單元網絡範例

作者：Julie Crotty, Cheryl Carruthers, Melissa Clarke, and Barb Shafer

來源：Area Education Agency 267, Cedar Falls, IA

年級：七

單元標題：**媒體作為說服的力量**（Media as a Persuasive Force）

概念透鏡：**說服 / 偏見**（Persuasion/Bias）

瞭解文本：

- 非小說文本結構與文本形式
- 多媒體：
  - 印刷媒體（訊息類）、八卦小報、商業媒體（廣告）、論述（意見）、電子媒體（科技 / 網路）、聽覺媒體、影片、民意調查、口號
- 說服性詞彙
- 行銷
- 政治謀略

反應文本：

- 說服技術
- 日誌紀錄（journal entries）
- 團體討論
- 辯論
- 隱私議題
- 公共價值與態度

單元標題：
媒體作為說服的力量

生成文本：

- 媒體種類
- 評論
- 說服性寫作
- 口頭發表
- 科技 / 媒體選擇（考慮品質或效果）

評析文本：

- 口說與書面語言
- 說服技術（例：意象、用字選擇、倡議者）
- 媒體訊息的效度 / 信賴度
- 說服性媒體的社會影響
- 觀眾責任
- 剝削
- 信任

註：在第 15 學區的課程中，**文本**的定義是用來溝通想法、情感或資訊的任何印刷或非印刷媒介。

▶ 圖 5.1b・單元網絡範例

來源：Pomperaug Regional School District 15, Middlebury/Southbury, CT

年級：四

學習單元：**寫實小說**（Realistic Fiction）
概念透鏡：**文類／形式**（Genre/Features）

瞭解文本：
- 性格特質
- 詞彙
- 背景知識
- 主旨
- 作者的目的
- 文本結構：劇情鋪陳（rising action）、高潮（climax）、故事收尾（falling action）、結局（resolution）
- 視角
- 自我監控
- 推論
- 總結
- 意象
- 敘事元素

反應文本：
- 連結
- 有意義的討論
- 改寫
- 訴求
- 同理

單元標題：
寫實小說

生成文本：
- 敘事寫作
- 文本慣用法（拼字、文法：用法、標點符號）
- 寫作的字彙層級與用字選擇
- 寫作歷程
- 出版品
- 看來可信的人物（細節、真實的身體與個性特徵）
- 對話

評析文本：
- 作者的技法（故事是否「合理」，人物描繪的可信度等）
- 意見與支持
- 不同作者、文類之間的異同

▶ 圖 5.1c・單元網絡範例

作者：Alicia Adinolfi, Clintonville School; Kristin Buley, Montowese School; Laura Donie, Green Acres School; Mike Annino, Ridge Road School; Marie Santore and Laura Gilson, Literacy Leaders

來源：North Haven Public Schools, North Haven, CT

單元網絡次主題：從何而來？

在「探索艾德格‧愛倫‧坡（Edgar Allan Poe）的作品」這個單元中，在**瞭解文本**支線下可能的次主題包含「烏鴉」（The Raven）、「厄舍府的沒落」（The Fall of The House of Usher）、美國羅曼蒂克運動等等。換句話說，單元支線項下會列出事實性知識或有關單元核心的特定資源。各州共同核心標準中有些次主題（內容）可能跟單元有關。如同前述，共同核心標準中的主題性內容有限，但多少有一些。例如，在「發現事實」這個單元中，教師可以選擇納入共同核心標準中找得到的美國立國文件。這些選用的文件標題會列示在單元網絡中，在學習這些立國文件時會衍生出的所有重要主題，也會被記錄在網絡中。

網絡中的概念：來自哪裡？

在英語文課程的單元網絡中，通常納入的**概念**會遠多於次主題。單元網絡的概念通常來自以下兩處：

- 在單元中將要研讀的**知識**（內容）概念〔以艾瑞克森（Erickson, 2008）的知識性結構代表〕
- 在單元中聚焦的**歷程**概念（以歷程性結構代表）

圖 5.2 呈現了從這兩種來源中提取的概念範例。

源自於內容（知識）的概念，會有真實事例支持（證據直接來自文本），通常會列示在單元網絡的**瞭解文本**這條支線之下。

我們一起來更詳盡的檢視單元內容中可能提取出的概念。要決定這些概念，教師必須討論單元主題與教材中的重要想法為何。如果你回到「探索艾德格‧愛倫‧坡的作品」這個單元範例，此單元的**概念**可能包含罪行（guilt）、迷戀（obsession）、憂鬱（depression）與邪惡（evil）。這些概念會被列在**瞭解文本**支線之下，因為它們是瞭解該單元中選用文本的重要觀念。

主題或內容中的概念 知識	領悟的相關概念 歷程	生成的相關概念 歷程

● 權力（power）
● 身份（identity）
● 內在衝突
  （inner conflict）
● 關係（relationships）
● 愛（love）
● 失去（loss）
● 貪婪（greed）
● 犧牲（sacrifice）
● 選擇（choice）
	● 推論（inference）
	● 總結（summary）
	● 連結（connections）
	● 意象（imagery）
	● 背景知識
	  （background knowledge）
	● 自我調節
	  （self-regulation）
	● 目的（purpose）
	● 批判性分析
	  （critical analysis）
		● 聲音（語氣、氛圍、方言）
		  〔voice (tone, mood, dialect)〕
		● 閱聽眾（audience）
		● 文本結構（text structure）
		● 慣用法（conventions）
		● 文本形式（text features）
		● 故事元素（story elements）
		● 文學技巧
		  （literary techniques）
		● 文類（genres）

註：文本的定義是用來溝通想法、情感或資訊的任何印刷或非印刷媒介。

▶ 圖 5.2・知識與歷程中的概念

來源：「知識性結構」源自於 *Stirring the Head, Heart, and Soul: Redefining Curriculum, Instruction, and Concept-Based Learning*, third edition, by H. L. Erickson, 2008, Thousand Oaks, CA: Corwin. Reprinted with permission.

源自歷程的概念有以下幾個來源。首先，心繫單元的概念透鏡，在網絡支線間穿梭思考可能得出的網絡中的概念。例如，四年級「找出事實」的單元中可能用「研究」作為概念透鏡以聚焦單元學習。課程撰寫團隊用這個透鏡作為框架，用來辨識有哪些更加具體的概念可以納入網絡。我們一起來發想在這個單元的各條支線下，可能出現哪些概念？

● **瞭解文本**：主要想法（main idea）、任務定義（task definition）、相關資訊（relevant information）、搜尋歷程（search process）

● **反應文本**：問題（questions）、改寫（paraphrase）、回饋（feedback）、反思（reflection）

- **評析文本**：評估（包括歷程與產品）（evaluation, of process and product）、來源真確性（source authenticity）、確認（validation）
- **生成文本**：來源（sources）、綜整（synthesis）、格式（format）、寫作慣用法（例如：摘錄、引用）（writing conventions, e.g., quotations, citations）

源自歷程的概念也來自於更深入的思考英語文課程對這個單元的期待。在圖 5.2 中，你會發現歷程中的概念落入兩個主要種類：領悟（comprehension）與生成（production），分別代表了英語文等歷程導向學科的兩大重要範疇。當課程撰寫者討論單元內容以及學生必須用來思考與學習的歷程時，會不斷提取源自領悟與生成兩種類別的概念，並分派到單元網絡的四條支線中。

英語文的各州共同核心標準是另一個歷程概念的來源。仔細閱讀每個年級的英語文各州共同核心標準，概念將開始浮現。我的建議是用螢光筆標示這些在各州共同核心標準中找到的宏觀或微觀概念。

> 英語文的各州共同核心標準是另一個歷程概念的來源。

例如，在各州共同核心標準中，閱讀的定錨標準（Anchor Standard）第四點提到：

> 依據文本中的用法來詮釋字詞與片語，包括判斷其技術性、內含性以及象徵性意義，並分析特定用字選擇如何形塑意義或語氣。
> （Common Core State Standards Initiative, 2010, p.10）

表 5.1 顯示了此項讀寫標準中所提到幼兒園到十二年級的概念。

在課程單元網絡加入歷程性概念時，務必逐年升級加入更明確特定的概念。例如，在表 5.1 的各州共同核心標準中，教師會想要把「象徵意義」這個

表 5.1 │ 各州共同核心標準中閱讀的概念範例

年級	扣合標準的概念範例
幼兒園	未知的單字（unknown words）
1	感官字詞（sensory words）、情緒字詞（emotional words）
2	規律的節拍（regular beats）、頭韻（alliteration）、押韻（rhyme）、重複（repetition）
3	本義語言（literal language）、非本義語言（nonliteral language）
4	暗喻（allusion）
5	象徵語言（figurative language）、隱喻（metaphors）、明喻（similes）
6	象徵意義（figurative meaning）、內含意義（connotative meaning）、用字選擇（word choice）、語氣（tone）
7	象徵意義、內含意義、聲音手法（sound devices）
8	象徵意義、內含意義、用字選擇、語氣、類比（analogies）、暗喻
9-10	象徵意義、內含意義、累計影響（cumulative impact）、用字選擇、時間（time）、地點（place）、正式語氣（formal tone）、非正式語氣（informal tone）
11-12	象徵意義、內含意義、用字選擇、多重意義（multiple meanings）

廣博的宏觀概念，拆解成更加特定的微觀概念，藉以顯示隨著逐年升級而漸增的進展或理解的深度。更精熟的讀者瞭解「隱喻的」（metaphorical）、「慣用的」（idiomatic）、「反諷的」（ironic）等概念，所以在更高年段的單元網絡中，這些概念會開始出現在**瞭解文本**這條支線中。這也顯示出一個小型協作課程撰寫團隊的重要性；相較於僅能獨自努力的教師，團隊的集體智慧與教學專業更容易沖激出意涵受限的概念並加以排除。

　　越微觀而特定的概念，將需要更多專業知識與技能才能夠瞭解。換句話說，課程單元將隨著概念日益精確而建立起理解的深度。如果從幼兒園到十二年級的課程中，只是不斷重複

> 越微觀而特定的概念，將需要更多專業知識與技能才能夠瞭解。

廣博而宏觀的概念，我們將退回關注廣度而非深度的回頭路。在幼兒園中，瞭

解「人物」（character）這個概念是個大概念，也是瞭解文本的重要概念；但到了中學階段，當學生談論「靜態人物」（static characters）、「主角」（protagonists）、「對立角色」（antagonists）、「動態人物」（dynamic characters）與「圓滑人物」（round characters）時，他們展現了對人物這個宏觀概念更加深入的理解。

如圖 2.2 所示（第 20 頁），來自**歷程、策略與技能**的英語文學科概念稱為歷程性結構。再次提醒：此處的重要啟示是，我們為了在逐年升級時增進理解的深度，通常需要逐層深究廣博歷程中的宏觀概念，將之拆解為更加明確特定的微觀概念，藉以呈現幫助瞭解這些歷程的重要策略或技能。例如，學生先在幼兒園學到文本必須合理的表達意義（領悟的歷程），當學生成為更精熟的讀者後，從策略中提取出來、奠立領悟基礎的推論（inference）、總結（summary）、連結（connections）、自我調節（self-regulation）等更加微觀的概念（Lanning, 2009），開始成為單元網絡的一部分。表 5.2 顯示了宏觀與微觀概念之間的關係。當學習者懂得更多的微觀概念，其專精程度也與日俱增。

表 5.2 ｜ 微觀概念

網絡支線中提取的 微觀概念： 瞭解文本 （內容知識）	網絡支線中提取的 微觀歷程概念： 生成文本	網絡支線中提取的 微觀歷程概念： 瞭解文本（歷程） 反應文本（歷程）
人物： ● 主要人物 ● 主角 ● 對立角色 ● 英雄 ● 反英雄 ● 角色 ● 三維度 ● 扁平 ● 動態 ● 靜態	聲音： ● 感覺／情緒 ● 閱聽眾覺察 ● 個人的／個別的 ● 字型選擇 ● 字詞 ● 真確的 ● 風格 ● 氛圍 ● 語氣 ● 直接／間接	連結： ● 意象／視覺化 ● 先備知識／經驗 ● 預測 ● 文本比較 ● 模式 ● 想法綜整 ● 關係 ● 問題

概念代表各網絡支線重要的可遷移想法，因此能夠確保課程單元將支持英語文學科中重要目標的深度理解。瀏覽網絡範例有助於釐清如何設計高品質的單元網絡。

總結

創建單元網絡時所需的協作式腦力激盪，將為課程設計團隊帶來能量與專注的焦點。創建單元網絡的主要目的是在決定事實性內容、主要技能或評量等課程其他構成要素之前，先找出與學習單元有關的重要想法；單元網絡使單元中的概念變得可見。課程撰寫者將經歷大量的專業討論與反思，才能夠辨識出網絡的重要概念。單元網絡中的特定支線要求刻意的專注於統整而全面的英語文課程元素，因而有助於減少學習的落差。看到教師團隊緊密合作、教師們在概念層面思考而目睹網絡逐步的進展，這些都可能是前所未有的首例而令人驚喜。

我的重點是：如果教師沒有明確的覺知那些建構理解的基礎概念，即使我們希望，但仍無法把學生帶到概念層級的思考。

本章所提出的英語文概念為本課程單元網絡的四條支線，背後確實有立論基礎。請完整閱讀以下英語文各州共同核心標準中，達到文件要求標準的學生圖像，看看你是否能夠「聽出」**瞭解文本、反應文本、評析文本**與**生成文本**這四支線背後的原理：

他們以別人的想法為基礎，清楚表達自己的想法，並且確認對方瞭解自己的想法……

他們領悟並且評析。學生是積極投入而心智開放、但也能夠鑑別的讀者與聽者。他們勤勉努力以精確瞭解作者或講者在表達什麼，但同時也質疑作者或講者的假設與前提，並評估其主張的真實性與推理

的完備程度。

　　他們重視證據。以口頭或書寫對文本提出詮釋時，學生會引用明確的證據。在書寫與口頭表達中，運用適切的證據支持自己的論點，對讀者或聽者清楚的表達自己的推理……

　　學生理解在 21 世紀的課堂與職場場景中，來自截然不同的文化背景、代表多元經驗與觀點的人們必須共同學習與合作。藉由閱讀與聆聽，學生積極的設法理解他人的觀點與文化，因而能夠和不同背景的人們有效溝通。（Common Core State Standards Initiative, 2010, p. 7）

　　接下來，第六章將解釋如何運用單元網絡中的概念，來撰寫學生在單元結束時將獲得的理解的陳述，或通則。這個步驟位居概念為本課程設計的核心。

CHAPTER

06

設計課程之
步驟四與步驟五

在本章中，我們將逐步完成撰寫強大的通則與引導問題的歷程。多數的概念為本課程單元包括五至八個（譯按：2017 年之後的「概念為本」系列書籍中，艾瑞克森與蘭寧已將之改變為五至九個通則）我們希望學生在單元結束時可以理解的強大通則。讀者或可運用第53 頁的規劃模板以對照步驟四與步驟五。

> 多數的概念為本課程單元包括五至八個（詳第一段譯按）我們希望學生在單元結束時可以理解的強大通則。

思考與理解

如果理解是思考的結果（Perkins, 1992），那麼教師在自己設計的課程中，必須清楚知道每堂課預期學生獲得哪些可遷移的理解。對複雜想法的深層理解會在**概念層級遷移**，因此在概念為本的課程中，通則的任務是讓**教師看見**預期

的理解。

例如，一個中學程度的英語文課程單元，可能包含「如果沒有刻意的自我監控，政治宣傳會使人們對他人的行動與觀點產生重大的影響」這樣的通則。這是教師希望學生在單元學習結束時領悟的道理。規劃課程時，為了引導學生達到理解的目標，教師會用這個單元通則以及單元中其他的通則，作為應該納入哪些文本以及指派哪種任務類型的決策參考。

艾瑞克森（Erickson, 2008, pp. 28-32）在書中引用了西爾得·塔巴（Taba, 1966）的著作。塔巴倡導應該由通則決定教學的方向與深度，她認為應該挑選代表性的特定內容進行教學，而不是全部教完。單元通則在概念為本的教學中扮演關鍵角色，因為通則讓我們決定在單元中要納入多少內容時有所依據。

步驟四：撰寫通則

在第二章曾提到，通則的定義是清晰且具有說服力、用來表達理解的陳述，將用於指引教學與評量。通則包含兩個或更多個概念，用強大的動詞表述概念之間的關係——從單元網絡中挑選出概念，此時，花在單元網絡上的努力獲得了回報！**影響、衝擊、間接影響、是、有**（affect, impact, influence, is/are, have）等薄弱的動詞被貼上禁忌的標籤，因為這些字詞導致廣泛而表面化的陳述，不只欠缺清晰透澈，也無法表達所期許的理解深度（Erickson, 2008）。

> 通則是清晰且具有說服力、用來表達理解的陳述，將用於指引教學與評量。

概念 1＋強大的動詞＋概念 2＝通則

（可以選擇更多概念）

這也是檢視優質通則其他判斷基準的好時機（Erickson, 2008）。好的通則是：

- 廣博及表達不同的抽象程度；

- 可以普世通用；

- 通常不受時間限制，但如果這個想法並非永遠適用於所有個案時，可能需要加上限定詞；

- 在不同事例中呈現，這些事例提供通則的基礎；以及

- 兩個或更多的概念，其間關係的陳述。

當撰寫通則時：

- 確保沒有把兩個或更多無關的想法塞進同一個陳述中。當通則變成一個長句子時，會變得讓人困惑而難以理解，同時也是把太多想法串在一起的徵兆。

- 盡可能讓用語有力且精確，並讓陳述清楚易懂。在概念為本的課程中，教學設計的目的是讓學生經由歸納式教學而能夠自行領悟出想法。

- 在通則中避免專有名詞或代名詞，也不用過去式及（或）未來式動詞。這樣的通則才可以跨越不同的時間與情境而遷移。

- 避免被動語態。把被動語態句子翻轉成主動語態是一種有效的補救方法。例如：把「寓言的道德寓意在人物的互動中被顯現」（The moral of the fable was revealed by the characters' interactions）的被動語態變成「人物互動顯現了寓言的道德寓意」（Characters' interactions reveal the moral of a fable）的主動語態。

- 避免過度運用限定詞。如同前面的定義中提到，雖然通則在單元學習中很重要，但它不一定適用於所有的情境，因此，有時候**可能、經常、可以、頻繁的**（may, often, can, frequent）等限定詞有其必要性。然而，務必留意不要掉進過度運用限定詞的陷阱！

● 最後，不要寫出反映價值陳述的通則。信念與價值並非普世皆然。

評量你的先備知識

以下有個小測驗，用來評量你對通則的理解。在此穿插這個「小測驗」的目的在於協助你修正任何既有的迷思概念，並在你繼續深入瞭解通則前提供有用的回饋。先看看你答得如何，再繼續研讀本章！測驗答案在第 95 頁。

小測驗：以下陳述是否為有效而優質的英語文課程通則？為什麼是？為什麼不是？

1. 研究有助於歷史小說作家真實的描繪故事中的時代與人物。
2. 一個充分知情的公民應該廣泛閱讀。
3. 文法與句子結構影響作者訊息的清晰程度。
4. 論點可能藉由破除偏執而改變態度。
5. 作家利用故事與圖像來分享自己的經驗與想法。

現在我們準備好來檢視一些撰寫通則時，有助於作品「品質控管」的微妙細節。

開始撰寫通則

第二章介紹了艾瑞克森（Erickson, 2008）提出的撰寫優質通則的結構，她建議從「學生將會瞭解……」這個句子架構開始。稍後正式開始撰寫通則時，這個句子架構在課程單元中會逐漸減少使用。這個句子起始語啟動通則陳述的雕琢，促使通則反映出重要而可以遷移的理解。表 6.1 列出代表歷程（領悟與生成）與知識的通則範例。

表 6.1 │ 通則範例

通則 在單元結束時，學生會瞭解什麼	代表理解了什麼
1. 生命中的艱難決定會讓人變得更堅強。	知識（從文本而來）
2. 詩歌通常要求讀者利用背景知識與推論來發現意義。	領悟歷程
3. 詩歌手法：隱喻（metaphors）、擬人（personification）、頭韻（alliteration）、明喻（similes）、擬聲（onomatopoeia）有助於傳達訊息，並點燃讀者的情緒與想像。	生成歷程

通則扣合單元網絡

在實施單元教學時，通則界定了教師將發展的學習經驗範圍。因為通則在概念為本的課程與教學中扮演重要的核心角色，單元通則必須在整體上呼應單元網絡的所有支線，以確保單元呈現了全面且平衡的讀寫素養課程。

身為課程撰寫者，你現在要回顧單元網絡中辨識出的概念，並開始思考這些概念之間的關係。首先你會進行腦力激盪，並產出幾個預期學生歷經單元學習後能從中獲取的通則。當概念開始結合變成可遷移理解的陳述，亦即通則時，通則成為研讀單元主題的目的，並顯示出事實知識與技能的**重要性**。

有時候，撰寫通則的目的是為了說明個別單元網絡支線中的重要想法；或者，通則也可能代表英語文單元網絡中對好幾條支線都很重要的想法。英語文歷程中的互惠性促進了這種相互影響，這一點會在表 6.2 中，藉由一個短篇故事單元進一步說明。

表 6.2 │ 從六年級短篇故事單元發展出的通則範例

1. 寫實小說短篇故事通常會深入生命中的某一事件或經驗。
   （**瞭解文本、生成文本、反應文本**）

2. 短篇故事通常會依據一條緊湊的故事線，搭配幾個核心人物，涉入快速的劇情鋪陳與出人意表的結束。
   （**評析文本、瞭解文本、生成文本**）

3. 短篇故事寫作的風格要求讀者在短篇文字中做出迅速而精準的推理與個人連結。
   （**瞭解文本、反應文本**）

4. 短篇故事的主旨反映出深陷於與自我、另一人物、或周遭環境之間掙扎的個人。
   （**瞭解文本、評析文本、生成文本**）

5. 短篇故事作者細心的運用文字，藉由運用象徵主義與象徵性語言以簡潔的傳達訊息。
   （**瞭解文本、生成文本、評析文本**）

來源：Pomperaug Regional School District 15, Middlebury/Southbury, CT

在表 6.2 中，通則可以支持表中跨越不同歷程的可遷移理解的教學。讓我們一起來檢視第一個通則：

寫實小說短篇故事通常會深入生命中的某一事件或經驗。

1. 想一想在進行這個通則的教學時，教師可能會發展哪些不同的教學單元，來幫助學生**領悟**短篇故事是如何構成的（**瞭解文本**）。

2. 想一想，這個通則如何指引撰寫短篇故事的教學單元（**生成文本**）。

3. 想一想，趁著學生分享與討論他們對文本的反應的機會，教師可以這個通則為中心提出哪些**問題**（**反應文本**）。

學習經驗應該要設計為可促成學生思考，讓學生最後得到「寫實小說短篇故事通常會深入生命中的某一事件或經驗」這個結論。當學生獲得多次機會從不同文本範例與學習情境中發掘通則，概念性模式即開始浮現，而可遷移的想法（通則）也會開始形成。我們就是為了這些「頓悟」時刻而教，這也是學習中讓學生難以忘懷之處。

　　通則呈現不同的抽象程度、可推論性與複雜性。學生剛開始接觸新的學習時，對通則的概念負荷會比較有限。舉例來說，「**人們**為了和**讀者**分享**訊息**而寫作」，此通則是個概念之間關係的簡單陳述，適合幼兒園的學生。下個年段的理解會隨著更多概念的增加而逐漸深奧複雜，使通則變得更加明確特定，如「**標點符號、大寫**和**有趣的字詞**有助於使**寫作**清楚並且吸引**讀者**」。通則明確特定或廣博的程度，部分也取決於學生的發展合宜性（developmental appropriateness）。

　　通則的複雜程度也受到陳述中用來表達概念之間關係的動詞強度影響。還記得**影響、衝擊、間接影響、是、有**等禁忌動詞嗎？運用這些禁忌動詞通常會導致寫出低層次或第一階的通則。通常，第一階通則是在撰寫通則的腦力激盪階段試圖抓住想法的產物。這也沒關係，因為我們可以藉由搭建鷹架的方法，把這些通則推進到更深奧的層次。

　　要記得避免以下這些動詞，它們會產出薄弱的通則：

- 影響（affect）
- 衝擊（impact）
- 間接影響（influence）
- 是（is, are）
- 有（have）

搭建撰寫通則的鷹架

　　為了把低階通則提升到複雜的思考層次，艾瑞克森（Erickson, 2008）構思了幾個簡單的問題。例如，為一個課程單元腦力激盪出通則後，教師團隊發現其中幾個通則用了禁忌動詞，這些第一階的通則可以藉由提問「如何？」或「為何？」來補強。當教師們討論這兩個提問的可能回答時，新的概念將會出現。試試看！隨著更精確的概念加入通則中，這些薄弱的禁忌動詞會被轉換成較強大的動詞，修改的過程會讓通則陳述變得更加精妙而透澈。請看這個範例：

> **第一階通則**：人物的衝突影響了故事的訊息。
>
> **鷹架問題**：人物的衝突**如何**影響了故事的訊息？
>
> **第二階通則**：人物的內在與外在衝突意味著有關生命或人性的深層訊息。

　　我們希望多數的概念為本課程單元包含五到八個學生在單元結束時可以學會的強大通則。這些通則幾乎都屬於第二階；但單元中也可能有一、兩個第三階的通則。我們如何把想法推進到第三階呢？艾瑞克森（Erickson, 2008）再次建議我們回答一個簡單的問題以促發思考。要把通則由第二階推進到第三階，可以提問：「所以重要性或影響是什麼？」（So what is the significance [or effect]？）

　　接下來，我延伸上面的例子以創造一個第三階的通則：

> **第一階通則**：人物的衝突影響了故事的訊息。
>
> **鷹架問題**：人物的衝突**如何**影響了故事的訊息？
>
> **第二階通則**：人物的內在與外在衝突意味著有關生命或人性的深層訊息。
>
> **鷹架問題**：*所以呢……會怎樣？*（So what?）
>
> **第三階通則**：作者在不同層次描述一個人物的個性以彰顯內在與外在衝突的對比。

　　你可能已經注意到，當通則推進到第三階時，它變成解釋第二階通則重要性的**新想法**。作為課程撰寫者，你們可能產出跟團隊人數一樣多的第三階通則，因為每個人所認定第二階通則的重要性可能各不相同。回答「所以呢……會怎樣？」的問題可以讓思考「跳脫框架」，達成共識而獲得精采的第三階通則將是充滿樂趣的過程。

運用通則來教學

當你開始以通則為目標進行單元教學時，以下幾點值得留意：

- 如果教師在課程開始時宣告通則（演繹式教學法），學生將失去思考、導出結論，以及最終表達他們個人理解的機會。
- 即使學生的結論或主張可能沒有運用跟課程通則一樣的字句說明，但通常他們會用相似的措詞表達想法。
- 學生可能會得出單元規劃以外的有效通則。這代表你的學生已經具備概念性思維，請為自己的概念為本教學喝采！

步驟四總結

教師需要經常練習撰寫通則陳述，才能夠表達那些我們希望學生在課程單元結束時瞭解的強大可遷移想法。教師通常沒有被要求在概念層級思考，所以剛開始撰寫通則時會遭遇挑戰。然而，撰寫通則的回報絕對值得付出努力。學習從內容與歷程中推演出可遷移的理解，並用精確的語言表達想法，將使教學更為清晰通透；因為通則使學生理解的目標變得明確可見。

開始時，學生也會發現要詳細說明通則這個期待頗具挑戰性。長久以來，課程與教學專注於事實與技能層面，幾乎不重視概念思考。因此，學生把大部分的精力花在找尋作業的「正確答案」（亦即教師腦袋中既存的答案），變得害怕冒險以及「犯錯」。概念為本的課程與教學教導教師與學生如何運用思考歷程來達到概念層級的理解。當學生開始瞭解課堂學習經驗所代表的概念，他們可能會說出課程單元中沒列出來的通則（當然，也提出了具體證據來佐證）。這當然可喜可賀！

搭建鷹架的技巧可以作為撰寫通則的品質管控措施。投入這麼多努力與資源開發出了課程，你當然會希望確保最終產品呈現並持續保持卓越！對於展現

出已經具備第三階通則所需思考難度的那些學生，搭建鷹架也是一種差異化教學的方式。接下來，我們準備好進入步驟五。

步驟五：撰寫引導問題

單元通則撰寫完成後，下一步要規劃提問路徑來指引學生思考以發現通則。要針對**每一個**單元通則逐一撰寫引導問題。藉由探究導向

> 要針對**每一個**單元通則逐一撰寫引導問題。

的歸納式教學，我們採用不同課程案例、示範與提問，持續促使學生逐步建構自己對通則的理解。

「僅有小比例的教學與學習經驗明確關注到策略向度」，柏金斯（Perkins, 2009, p. 139）如此告訴我們。發現並解釋隱藏在事實、歷程、任務活動等背後的理解（通則）在課堂中並不多見。

策略性提問是概念為本教學中的重要教學技能。在教育界中，我們多數人沒有被教導過不同問題型態的重要性，以及在教學中何時運用不同型態的問題。在課程單元中納入一系列引導問題，不僅可作為教學資源，同時也是教師衍生補充問題的開端。

艾瑞克森（Erickson, 2007, 2008）用教學與學習的歷程來解釋提問。在概念為本的課程中，引導問題創造了學習經驗與深度理解間的橋梁；問題幫助學生注意到知識中的模式。

> 引導問題創造了學習經驗與深度理解間的橋梁。

提問是種激勵工具，因為問題促發學習者本身主動的智識投入，而不僅是反覆咀嚼接收到的資訊。針對每一個單元通則撰寫引導問題是有理由的；藉由扣合問題與通則，這些問題以瞄準學習中的通則為目標。大範圍而廣泛的問題可能把學生的思維帶到許多不同的方向，好的引導問題則讓思考與討論保持聚焦。

艾瑞克森（Erickson, 2007, 2008）解釋，為了做好提問，我們必須瞭解如何區分不同的問題類型（事實性、概念性、激發性），**三種類型**對概念為本單元**都**很重要。以下是可以用來拆解英語文單元通則的一組問題範例：

> 問題幫助學生注意到知識中的模式。

通則：獨有的性格特質可以區分某個人物與其他人物。

事實性問題：

- 事實性問題的重要性在於確保已經具備知識基礎。
- 事實性知識提供了解釋理解的證據。

針對上述通則的事實性問題可能包括：

什麼是性格特質？

你那本書的作者如何表達主要人物的性格特質？

在「灰姑娘」的故事中，不同人物的性格特質有哪些例子？

概念性問題：

- 開放式的概念性問題挑戰學生進行超越事實層次的思考。
- 對概念性問題的反應將反映可以跨越不同情境與事例而**遷移的理解**。
- 和通則相似：概念性問題不能有專有名詞、過去時態或被動式動詞、代名詞等。

針對上述通則的概念性問題可能包括：

作者如何使人物變得真實可信？

性格特質如何幫助讀者辨識不同的人物？

性格特質如何幫助讀者更加瞭解故事？

激發性問題：

- 激發性問題激發精彩的辯論。

- 沒有對或錯的答案，但這些問題使學習有趣，促使學生在聆聽彼此的觀點時跳脫既有的思考框架。

- 每個單元可以有二到四個激發性問題，但如果沒有時間進行充分討論的話就不需問那麼多問題。

針對上述通則的激發性問題可能包括：

如果灰姑娘的性格特質改變了，你覺得故事會變得如何不同？（請注意，在激發性問題中可以使用專有名詞與代名詞——但不是一定要用。）

策略性的運用這些問題，有助於確保教學不致因為內容太多與教太快而使學生無法招架。珍・舒梅克（Jean Shoemaker）與賴瑞・勒溫（Larry Lewin）（1993, p. 55）描述了提問在概念為本教學中的任務：

在單元授課期間提出這些課堂問題，目的是為單元提供架構並創造日常活動與主要概念之間明確的連結。此外，在要求學生尋求解答的過程中，這些問題激發學生產出知識，而非僅僅消費知識。然後，隨著個人建構意義與問題的答案，學生自然的理解學科的知識本質。

藉由對重要問題建構具有個人化意義且合理的回答，學生展現自己的概念性理解。這些回答可能用多種形式表達，包括個人訪談、圖示創作（諸如模型與概念圖）、隱喻性圖像的生成，當然也包含書面的論述測驗。

在表 6.3 中呈現通則與引導問題的範例，可以幫助你更加瞭解引導問題在概念為本單元中的任務。

表 6.3｜概念為本英語文單元中通則與引導問題的範例

年級：三

單元標題：兇手是誰？推理小說的閱讀與解謎

通則	引導問題 （F＝事實性；C＝概念性；P＝激發性）
1. 作者用線索來堆疊懸疑或解決推理小說的問題。	1a. 哪一個線索有助於引導你預測答案？（F） 1b. 背景設定如何影響推理小說的氛圍（mood）？（F） 1c. 作者如何堆疊懸疑？（C） 1d. 為什麼線索對解答謎題很重要？（C） 1e. 你可以寫出不帶懸疑的推理小說嗎？（P）
2. 讀者辨識並連結線索來解答謎題。	2a. 什麼是推論？（F） 2b. 讀者如何辨識線索？（C） 2c. 預測與推論有何不同？（C） 2d. 讀者如何連結文本中的所有線索？如果不這樣做會發生什麼事？（C）
3. 讀者從文本中彙集相關資訊來確認或修改預測。	3a. 什麼是相關的資訊？（F） 3b. 讀者如何區分相關的資訊與無關的資訊？（C） 3c. 為什麼修改預測很重要？（C）
4. 心懷尊重的考慮其他人的想法可以提供新的洞察並延伸想法。	4a. 心懷尊重的對話看起來／聽起來像什麼樣子？（F） 4b. 如果他人的想法不被尊重，會發生什麼事？（C） 4c. 我們總是需要接受他人的想法嗎？（P） 4d. 考慮別人的想法可以如何幫助你解決問題？（P）
5. 推理小說之間有共同元素但同時也有獨到的特點。	5a. 推理小說有哪些元素？（F） 5b. 你正在讀的推理小說的特點，如何相同或相異於其他的推理小說？（F） 5c. 為什麼推理小說那麼受歡迎？（P） 5d. 為什麼解答謎題讓人感到滿足？（P）
6. 推理小說中的人物可能包含嫌疑犯、警探、偵探、共犯、目擊證人、調查員、反派人物、受害者、罪犯或共犯。	6a. 你會如何定義嫌疑犯？警探？偵探（等）？（F） 6b. 你的推理小說中，有哪個人物是不可或缺的？為什麼？（F） 6c. 不同的人物如何對推理小說有所貢獻？（C）

作者：Mary Blair, Middle Gate School; Lynn Holcomb, Hawley School; Becky Virgalla, Sandy Hook School; and Eileen Tabasko, Head O'Meadow School

来源：Newtown Public Schools, Newtown, CT

步驟五總結

　　策略性提問意味著不只是順手從備案中抽出問題。課程撰寫團隊將以通則為目標，澈底思考最適於建構歸納式教學的引導問題。花費時間去策略性的發展出單元中三種提問類型的例子，可以提供教師激發並引導學生思考的建議。如果我們不刻意區別不同種類的引導問題，可能會帶來挑戰。其中一個挑戰是，教學中提出的問題將過度以事實為基礎，而且只跟文本或歷程有關；另一個挑戰則發生於我們熱切強調概念性理解時，它將導致我們所提出的都是概念性問題，但學生需要知道一些事實資訊，才能夠為自己的概念性理解引述明確的證據。

　　引導問題不是一套用來依樣畫葫蘆的腳本。引導問題提供教師方法來促進學生思考出能夠導致理解的想法。提問是個強大的教學技術。當學生的思考變得更公開，教師就更可能評估學生是否在理解重要通則的路徑上。平衡不同種類的引導問題有助於發現學生的迷思概念，也能延伸學生的思考。

> 引導問題不是一套用來依樣畫葫蘆的腳本。

　　第七章將會解釋單元發展的下一步：辨識出在單元結束時，期待學生要知道的關鍵內容，以及期待學生能夠展現的主要技能。

> 你以往是怎麼做的？

通則小測驗（見第 84 頁）的答案

1. 是，這是個優秀的通則。這是個清楚又重要的陳述，而且可以遷移到所有歷史小說寫作中。當五年級學生在他們的學習經驗、教師示範與提問後得出這個通則，學生們更能領悟並賞析這種文類如何建構。學生也會運用這個理解來評析目前與未來閱讀的歷史小說作品。

2. 否，這不是個高品質的通則。為什麼？因為這是個價值陳述。雖然我們可能會相信這個陳述，也希望它是真的，但它不符合適當通則的條件。

3. 否，這不是個強而有力的通則，因為它用了禁忌動詞**影響**。本章有關搭建撰寫通則鷹架的內容中，你會學到如何解決這個問題。

4. 是，我們同意這是個高品質的通則！這個想法很重要，而限定詞**可能**代表我們承認此通則不一定在所有情境下都適用。

5. 是，這個陳述是幼兒園階段的重要理解，而且此通則的書寫適合該年齡的語言呈現方式。

CHAPTER

07

設計課程之
步驟六與步驟七

　　單元發展的步驟六與步驟七涵蓋了優質概念為本課程中不可或缺的兩個要素——**關鍵內容**（學生要知道什麼）與**主要技能**（學生要會做什麼）。

　　雖然多年來事實與技能一直主導著課程與教學，但認為現在的概念為本課程設計會忽略事實與技能則是錯誤的。概念為本設計的優勢在於，當課程撰寫者到達目前階段時，他們已經花時間並深入思考在單元結束時，預期學生能夠發現的**概念性理解**（通則）。如果清楚說明對概念性理解的期待是首要任務，此時就可以做出辨識學習單元的關鍵**內容**和主要**技能**的明智決定。

> 關鍵內容是學生要知道什麼。

> 主要技能是學生要會做什麼。

　　閱讀本章時，讀者可能會想要運用第 54 頁的課程規劃模板。

步驟六：確認關鍵內容

　　課程撰寫團隊在步驟六所要思考的，是在單元結束時學生必須要**知道**什麼。學生需要**知道**什麼的定義是：與學習單元有關的重要事實內容（或知識）。回顧目前已完成的課程要件（單元標題、單元網絡以及通則），已經為辨識單元中的關鍵內容提供了紮實的起點。

　　以下是幫助你找出方向的幾點考量：

1. **單元的關鍵內容自然會包含單元網絡中的某些次主題與概念。**舉例來說，在「莎士比亞的眾多作品」單元中，教師希望學生在單元結束時能夠**知道**

> 學生需要知道的是與學習單元有關的重要事實內容（或知識）。

的關鍵內容，是在單元網絡中列為次主題的某些特定作品名稱，諸如《暴風雨》（*The Tempest*）、《羅密歐與茱麗葉》（*Romeo and Juliet*）、《哈姆雷特》（*Hamlet*）。

2. **從網絡中提取的關鍵內容可能包含學習中特定文類的專屬詞彙。**在「犯罪破解者：瞭解推理小說的元素」的小學單元中，從單元網絡中提取的關鍵內容可能包含推理小說的專屬詞彙，諸如**嫌犯、受害人、警探、轉移焦點**（red herring）等等。雖然這些詞彙是以概念的形式被納入單元網絡中，但在學生能夠把它們當作推理小說中不同人物的抽象組織工具之前，需要先**知道**事實性的定義。

3. **深思學生需要瞭解並運用哪些特定詞彙作爲概念性理解的證據。**舉例來說，想想「作者選擇適合讀者的聲音」這個通則。學生需要**知道**聲音、語氣與氛圍的意思，他們也需要**知道**語氣與氛圍有何不同，以及讀者會如何改變他們的期待。如果我們希望學生理解、會解釋，並舉例說明通則中的想法，事實性知識誠屬必要。

　　雖非必要，但我建議在單元網絡的四條支線（**瞭解文本、反應文本、評析文本、生成文本**）下辨識出關鍵內容，以確保沒有遺漏，且單元也保持了英語文中重要支線的平衡。請參考表 7.1 運用支線來整理關鍵內容的方法範例。

　　一個小提醒：在列示關鍵內容知識時，常犯的一個錯誤是寫出更多通則。如表 7.1 可見，關鍵內容只需要將重點列示即可（譯按：意思是說只要寫出代表內容知識的「名詞」，不要加上主詞、動詞而變成一個通則形式的陳述句）。有時候我們為了追求工作品質，常常會過度耗費精力！

表 7.1 | 運用支線整理出關鍵內容

關鍵內容 學生會知道什麼
瞭解文本 ● 回憶錄的文本結構 ● 作者的目的 ● 關鍵詞彙：不直述而用文字創造畫面感（show, don't tell）、引發強烈的同情／喜愛（tug at the heart）、回憶（look back）、小插曲（vignette） **反應文本** ● 讀者的連結 ● 團體對話行為 ● 個人反思的意義 ● 讀者反應的品質 **評析文本** ● 作者的技法：用字選擇、文學手法（literary devices）、句子流暢度（sentence fluency） ● 作者的目的 ● 文本結構 ● 批判性立場的意義與基準

（續下表）

關鍵內容 學生會知道什麼
生成文本 ● 想法生成的歷程 ● 寫作歷程 ● 句子流暢的意義 ● 不同種類的句子結構 ● 寫作慣用法 ● 「轉化」（transformation）的意義（引發強烈的同情 / 喜愛） ● 同儕會談協定（peer conference protocols） ● 特定寫作技巧：用字選擇、對話、感官細節（sensory details）、文學手法、句子流暢度

來源：Grade 6 English Language Arts Curriculum, Memoir Unit, Newtown Public Schools, Newtown, CT.

步驟七：確認主要技能

雖然在課程單元中，這個部分被視為「技能」，但我對於使用「技能」這個詞彙感到猶豫。我猶豫是因為不論在高階層次的抽象化（abstraction）或例行性記憶（recall），**技能**這個詞通常被用來描述任何動作。本書認為，主要技能包括提供方法來理解和運用語言進行創意性與目的性表達的所有歷程、策略與技能（抽象程度不同）。

> 主要技能包括提供方法來理解和運用語言進行創意性與目的性表達的所有歷程、策略與技能（抽象程度不同）。

另一個小提醒：在課程單元的主要技能這個部分，不需要描述學生應該要展現的每個限定技能的細節。

各州共同核心標準依照年級辨識出學生必須能夠展現哪些技能，讓學生準備好完成大學學業及踏入 21 世紀職涯所需的識讀需求。單元的主要技能包括共同核心標準的期待、其他標準所列出必須符合的期待，以及其他課程撰寫者判定對學科單元重要的期待。

就此而言，共同核心的年級標準是個有力的幫手。此標準通常把多個低層次技能整合成更加嚴謹而複雜的素養。例如，共同核心閱讀（Common Core Reading, CCR）中四年級的第九項文學標準敘述如下：

比較與對比相似主旨與主題的處理方式（如：善惡對立）與源自不同文化的故事、神話與傳統文學中的事件模式（如：探尋）。（Common Core State Standards Initiative, 2010, p. 12）

哇！你是否注意到蘊含在這項標準中所有不同的技能呢？假如把所有技能都列出來，可能會產出一份比現行的精簡共同核心標準大得多的文件。如此撰寫標準，部分原因也是鼓勵統整的技能教學。共同核心標準文件開宗明義就解釋了標準如何編排：

學生逐年升級，相應的期待包括符合各年級特定的標準、保有或進一步發展先前年級已精熟的技能與理解，並穩定的邁向共同核心閱讀標準所描述的總體性期待。（Common Core State Standards Initiative, 2010, p. 4）

這種螺旋式的組織使各州共同核心標準成為課程撰寫者極為好用的工具。以往，各州英語文標準經常在各年級一字不差的重複對技能的期待，致使課程撰寫者難以區辨逐年增加的技能複雜度。所有致力於符合各州共同核心標準的教師，都應該熟悉這整份文件，才能夠在素養的發展中看到預期的**進展**。

當年級課程撰寫團隊決定每個單元需要處理的主要技能時，各州共同核心標準可以提供清晰的指引。如果可以直接從共同核心標準中「列舉」出技能的描述，撰寫團隊就不需要創造新的文字說明。

在表 7.2 中，你將看到一個六年級課程單元中主要技能的範例。

表 7.2 │ 用支線整理主要技能

主要技能

瞭解文本：

CC.6.R.L.2 主要想法與細節：判斷文本主旨或主要想法，以及如何藉由特定細節來表達；依據個人獨到的見解與判斷，針對文本提出總結。

CC.6.R.L.3 主要想法與細節：描述某個特定故事或戲劇的情節如何從一系列事件中展開，以及在劇情展開到結局的過程中，人物如何反應與改變。

CC.6.R.L.6 技法與結構：解釋作者如何發展文本中敘事者與說話者的觀點。

反應文本：

CC.6.R.L.1 主要想法與細節：引用文本證據來支持對文本中明示內容和以文本為基礎的推論所做的分析。

CC.6.SL.1 領悟與協作：跟異質組成的夥伴有效的投入一系列六年級主題、文本、議題的協作性討論（一對一、小組及教師帶領），以他人的想法為基礎清楚的表達自己的想法。

CC.6.SL.1.a 領悟與協作：預讀並研究必要的素材，有備而來參加討論；藉由討論中引述主題、文本或議題的證據來探究與反思討論中的想法，明確運用事前準備。

CC.6.SL.1.b 領悟與協作：遵循學術討論的規則、設定明確的目標與期限，並依需求界定個別的角色。

CC.6.SL.1.c 領悟與協作：提出有助於討論主題、文本、議題的評論，運用闡述與細節以提出具體問題並回應。

CC.6.SL.1.d 領悟與協作：回顧所表達的主要想法，並藉由反思與改寫展現對多重觀點的理解。

評析文本：

CC.6.R.L.5 技法與結構：分析特定句子、章節、場景或詩節如何融入整體文本結構，並促進主旨、場景與情節的發展。

CC.6.R.L.4 技法與結構：依據字詞在文本中的用法判斷其意義，包含象徵性意義與內含意義；分析特定用字選擇對意義及語氣的影響。

生成文本：

CC.6.L.3.a 語言知識：選擇能精準而簡潔的表達想法的語言，辨識出冗詞贅字並將其消除。

CC.6.L.3.b 語言知識：維持風格及語氣的一致性。

CC.6.L.5 詞彙習得與運用：展現對象徵性語言、字詞關係以及字義細微差異的理解。

CC.6.W.4 產出與寫作布局：產出清楚而一致的寫作，其發展、組織與風格契合任務、目的與閱聽眾。

CC.6.W.5 產出與寫作布局：藉由同儕與成人的引導及支持，從規劃、修改、編輯、重寫與嘗試新方法等方面，視需要來發展並強化寫作。

（續下表）

主要技能
CC.6.W.2 在寫作時，展現對標準英文大寫、標點符號與拼字等慣用法的掌握。 　A. 運用標點符號（逗號、括號、破折號）以襯托非限定性的元素。 　B. 正確的拼字。 CC.6.W.3 在聽、說、讀、寫時，運用語言知識與慣用法。 　A. 針對意義、讀者／聽眾的興趣與風格，改變句型模式。 　B. 維持風格及語氣的一致性。

來源：Grade 6 English Language Arts Curriculum, Memoir Unit, Newtown Public Schools, Newtown, CT.

　　如你所見，表 7.2 範例再一次運用單元網絡的四條支線區辨主要技能。雖然不是所有學區都堅持這種格式，但我相信這是確保英語文各面向不會被輕忽的寶貴方法。課程撰寫歷程中納入越多「品質控管」的查核點，最終的產出就會越強大。

　　同樣重要的是，課程撰寫團隊要記得各州共同核心標準中所詳述的學年結束預期目標。因此需要決定如何將課綱標準配置到各個單元中，以搭配季節時令與單元學習內容構成「最佳組合」，同時，可能需要把某些標準納入該年段的每個單元中。**一個小提醒：**在學生邁向符合大學與職涯所需的讀寫素養基準的旅途中，各州共同核心標準確認了許多期待學生能夠展現的能力；然而，實際進行的課程單元可能會超越標準所列出的項目。因此，在撰寫課程時，有具備專業的學區教師共同參與十分重要。共同核心標準文件指出：

　　雖然各州共同核心標準專注在最重要的部分，但並沒有詳述所有可以教或應該教的內容，教師與課程開發者擁有極大的裁量權。共同核心標準的目標僅說明基本需求，而非列出一個窮盡的清單，或在基本需求之外設下限制來侷限可教的內容。（Common Core State Standards Initiative, 2010, p. 6）

　　除此之外，各州共同核心標準的文件寫得很清楚——它並沒有納入為了幫助學生符合標準所需的**學習支持**：

　　　　共同核心標準有設定各年級特定的標準，但並沒有界定支持程度顯著低落或顯著優異學生所需的介入方法或教材。沒有任何特定的年級標準可以完全反映任何教室中學生能力、需求、學習速度與學習成就的巨大差異程度。然而，在為大學與職涯等目標做好準備的旅程中，共同核心標準確實為所有學生提供了清楚的路標。（Common Core State Standards Initiative, 2010, p. 6）

　　課程撰寫者有時候會考慮拆解那些比較複雜與需要高度抽象理解的標準。拆解資訊並在課程單元中詳細說明，將幫助教師瞭解如何使語文學習落後的學生有效改善。舉例來說，在《解救三到八年級閱讀困難者的四個有效策略》（*Four Powerful Comprehension Strategies for Struggling Readers, Grades 3-8*）（Lanning, 2009）中，領悟的歷程被拆解成可供所有精熟閱讀者運用的四個策略。隨著文本變得更深奧複雜，這些重要的領悟策略需要時間與心力來達成——有能力的讀者瞭解這點，但那些掙扎於閱讀理解的學生則不然。該書列出許多鞏固這四種領悟策略的技能，這些技能是掙扎中的學生所需瞭解的，並可藉此直接連結更抽象的策略。把這些資訊增加到單元中（或引述為專業資源）可以幫助教師更加意識到這些為重要理解策略奠立基礎的技能（如前討論，也不要過度）。

　　立基於大衛・柏金斯與其他人的研究，《解救三到八年級閱讀困難者的四個有效策略》（Lanning, 2009）也解釋如果教學設定學生可達到學習的**遠端遷移**（far transfer），掙扎中的學生會如何感到難以企及。遠端遷移是指試圖將所學遷移到另一個脈絡，但需要深度思考、知識、理解與仔細分析才能感知到兩個學習情境之間的連結。舉例來說，「推論」策略需要高階層次的抽象理解。聚焦於理解**推論**這個概念，以及閱讀者在推論時必須考慮與**會做**的技能教學，

則提供了促進遷移以及讓學生的閱讀能力朝標準持續邁進的必要支持。

　　不是所有課程單元列出的素養都是需要概念性理解與遷移的高階層次思考。許多技能在語文課程中被頻繁的練習，而這些任務在不同的學習情境之間具有易於感知的相似性，遷移自然不是問題。舉例來說，專有名詞大寫、辨識故事的主要人物、在信件的問候語與結尾處用逗號，以及用自動化歷程（automaticity）來閱讀可解碼字詞等技能，在經常練習下變成日常習慣，這類狀況下遷移通常不是問題。這些技能不需運用高階層次的抽象理解，而且這類任務在跨情境與跨文本的本質上非常一致。

步驟六與步驟七總結

　　列示在課程單元主要技能中的各州共同核心標準都需要直接教導與練習。然而，有些標準相對更細緻複雜，特別當文本變得更複雜時，會需要高階層次的抽象理解與有意識的認知歷程。為了要支持遷移，教學必須確保所有學生都理解基礎技能以及共同核心標準中的**概念**，這樣一來，「當學生進到下一個年級，並精熟聽、說、讀、寫與語言的標準後，他們將能夠展現漸增的完整度與規律性等讀寫素養具備者的能力」（Common Core State Standards Initiative, 2010, p. 7）。

快速回顧要避免的事

1. **在課程單元中列示主要技能時，不要誤寫為養成這些技能的學習經驗或學習活動。**有時候課程撰寫者會錯誤的把學習經驗納入課程的素養要素。例如「學生會完成展現出〈灰姑娘〉故事中事件順序的資料組織圖」，這是一個活動而不是技能。完成資料組織圖可能是教師用來教導「排列故事中的事件順序」技能的媒介，但學習經驗是呈現在課

程單元的另一個部分。技能的撰寫不跟某個特定文本（或主題）綁在一起，也不跟某個教學活動綁在一起，因為技能必須跨越不同的應用與情境而遷移。

2. **不要把課程單元中辨識出的主要技能變成鉅細靡遺的不相干技能列表**。課程撰寫者要選擇在需要「拆解」的標準中加上多少細節，不然整份文件很快就會變得冗長不切實際。這個問題的解方通常是列表說明學習資源標題，藉以為更複雜的標準提供進一步解釋或教學協助。這邊的範例是共同核心語言標準二（幼兒園到十二年級）「在寫作中展示對標準英文大小寫、標點符號與拼字等慣用法的掌握」（Common Core State Standards Initiative, 2010, pp. 26, 28, 52, 54）。與其列示共同核心標準中明示與默示的技能明細，課程單元可以引述與標準有相同期待的學區資源作為參考文獻〔例如「展示四年級所預期的**字詞之道**（Words Their Way）拼字素養」〕。

3. **在列示關鍵內容知識時，不要寫出更多的通則**。切記，關鍵內容只需要列出要點即可。

在回過頭去完成課程單元設計的中間部分之前，我們先繼續進行下一章——第八章把課程寫作歷程前進到單元結尾。因為現在單元已經有了強而有力的架構來指引如何設計終點任務，學生將要完成這項終點任務，藉以展現從這個單元中理解了什麼、知道了什麼，以及會做什麼。

CHAPTER

08

設計課程之
步驟八、步驟九與步驟十

概念為本課程單元在此階段的撰寫焦點是評量。優質的終點評量能提供教師所需的證據，使教師得以確信學生在單元結束時已經習得預期發生的理解、知識及主要技能。

步驟八涉及設計單元終點評量（culminating assessment）。在步驟九中，我們將考慮如何調節進度，並建構教學單元來幫助學生為單元終點評量做好準備。最後在步驟十中，我們的任務是寫出吸引學生投入的單元概述，藉以引導教師如何將單元介紹給學生。

讀者可以考慮運用本書規劃模板中 56 頁、55 頁以及 51 頁等部分以規劃步驟八與步驟九。

步驟八：設計終點評量

撰寫出優質的評量需要思考與協作。各州共同核心標準對實作評量任務提

出若干建議，這些建議為整合多項標準的教學與評量設計奠立基礎，藉以避免實作任務過度受限或脫離情境。

> 通常，單一內容豐富的任務可以涵蓋好幾項課程標準。例如，在編輯寫作時，學生提及寫作課程標準五（「視需要透過規劃、修改、編輯、重寫或試用新的取徑以發展並強化寫作」）以及語言課程標準一至標準三（有關標準英文的慣用法以及語言的知識）。依據寫作標準九，從文學類與訊息類文本擷取證據時，學生同時也展現了和特定閱讀標準有關的理解技能。當學生在討論他們讀過或書寫的內容時，也同時展現了口語以及聆聽的技能。共同核心閱讀定錨標準本身提供了聚焦及連貫性的另一項來源。（Common Core State Standards Initiative, 2010, p. 5）

艾瑞克森（Erickson, 2008）再次提供我們一個精妙的架構，以幫助課程撰寫者在優質評量的撰寫歷程中前進。「許多實作任務的主要問題在於常常只粗淺或完全沒有展現深入理解。我認為這又是因為我們傳統的課程設計只把我們帶到表淺的主題和事實層級」（Erickson, 2008, p. 98）。遵循她所建議的架構（見圖 8.1a&b），單元終點的任務將可以評量到深入的理解。

什麼（WHAT）：運用像「調查」（investigate）這類認知性動詞作為陳述句的開始，直接連結單元標題。

為什麼（WHY）：……為了理解……
超越標題的限制，思考這個單元的重要性與意義後，完成這個陳述。重點是辨識出通則（理解）——你希望學生在單元學習完成時能夠展現的結果。這個通則直接連結終點實作任務。

如何（HOW）：開始一個新的句子，這個句子界定範圍並勾勒出你希望學生如何展現他們對「為什麼」陳述的理解。這是個關鍵步驟。如果你想要評量深度理解，那麼「如何」中必須展現「為什麼」，而不只是展現在「什麼」陳述中習得的事實知識與技能。描述這個任務時，艾瑞克森建議選用通則（前項步驟找出）中的文字，作為確保已經顧及通則的方法。

▶ 圖 8.1a・單元終點實作任務的撰寫模式

什麼（WHAT）：調查……（單元標題或是重要主題）

_____
_____
_____

為什麼（WHY）：……為了理解……（持久的理解）

_____
_____
_____

如何（HOW）：（實作）

_____
_____
_____

▶ 圖 8.1b・終點實作任務空白表單

來源：_Stirring the Head, Heart, and Soul: Redefining Curriculum, Instruction, and Concept-based Learning,_ Third Edition (p. 99), by H. L. Erickson, 2008, Thousand Oaks, CA: Corwin. Reprinted with permission.

以下的例子是「語言作為權力的工具」這個英語文單元的終點任務，係依據艾瑞克森（Erickson, 2008）的評量模板完成。

什麼：調查語言可以施展的威力……

為什麼：……為了理解語言技能可能壓抑或強化掌控自己或他人命運的能力。

如何：在這個單元中，我們閱讀了顯示語言威力的許多不同小說與非小說文本。回想你在單元學習中閱讀過的文本及課堂上發的文章，其中指出美國的主要媒體機構從 1993 年的 50 家變成 2004 年的 5 家。針對媒體話語權掌控者的數量大幅減少，請選取立場，表達你認為這種情況屬於正向發展或是值得憂慮的原因。報告必須引述你從閱讀中獲得、而且支持你的立場的具體實例。

你看得出來這項任務如何顯示學生是否達到「為什麼」陳述中通則所代表的理解嗎？你是否也看見這項任務同時評量了其他的知識與素養？作為此任務評分指南的評量規準將包括能夠反映學生理解深度的基準，以及單元中其他標準達到的進度。網路上有許多資源可協助發展評量規準以及其他型式的評分指南。

值得提醒的是：確保在評分指南中沒有遺漏理解的基準！ 在撰寫評分指南時，重要的是運用精確的語言描述期待的品質。評分指南的語言經

> 值得提醒的是：確保在評分指南中沒有遺漏理解的基準！

常模糊或運用負面陳述——例如指出在學生的作品中缺少什麼證據，而沒有說明需要什麼證據。這樣對學生沒有幫助，對評分的教師來說也不夠清楚。

以下是撰寫單元終點任務的幾點總結想法：

1. **考慮是否已有總括整個單元的通則**。如果有,這會是最終任務的焦點。有時課程撰寫者會在終點實作任務中運用單元的最後一個通則,或者結合兩個單元通則(最多兩個,否則會過多)。這是課程撰寫者考量整體單元後必須做的決定。

2. **要記得終點評量不是考量學生學習進度的唯一時刻**。在整個單元進行的過程中,教師可以運用許多不同評量類型(反應、短論、觀察、實作以及自評等)密切監控學生學習並提供回饋。接下來你將會在概念為本單元的步驟 9 中,看到我們如何建議教師可運用的持續評量的點子。

3. **終點評量任務因學生作品的範圍不同,差異性會很大**。要求學生在撰寫最終總結之前必須先完成研究的終點評量任務,可能必須花上好幾個星期才能完成。學生和同儕協作進行評量任務的各項內容時,同時也在學習研究歷程。其他的終點評量可能可以在較短的時間內完成。重要的是,教師用來評分的最終學生作品必須是由個別學生獨立完成的。

　　課程撰寫者在撰寫單元終點評量之前,必須非常清楚單元預期的理解、知識及技能——你看出這為什麼重要了嗎?如果太急著撰寫終點任務,它可能無法代表這個學習單元中最重要的元素。

🥄 我們可以從終點評量學到什麼?

　　單元終點任務成為所有參與這個單元學習班級的共同評量。當教導同一年級的教師聚在一起,針對同一學習任務分享與分析學生的學習成果時,必然對學生作品、教學法帶來豐富的專業討論,並構成強而有力的專業成長經驗。這樣的分享不只反映了名副其實的專業學習社群——同儕協作支持所有的教師與學生,同時更是評鑑課程的寶貴方式。例如,如果課堂上 80% 的學生明顯的

表示困惑，極有可能是課程出了問題；如果學生在課堂中的表現參差不齊，極有可能是教學出了問題，而同儕的集體智慧有助於解決問題。關注單元終點任務的結果，也為課程實踐的信實程度奠立基礎。

步驟九：建議的學習經驗

現在我們已經準備好進入人人喜愛的部分。這個步驟緊接在終點評量發展**之後**，針對如何配速與建構教學單元提出建議，並協助學生為單元的最終任務**做好準備**。課程撰寫者此時必須做的重大決定是瞭解要建議**多少資訊**。

一個小提醒：單元中的學習經驗與撰寫教師的教學單元計畫（lesson plan）無關。

學習經驗這個部分涵蓋了以下幾個目的：

> 一個小提醒：單元中的學習經驗與撰寫教師的教學單元計畫無關。

● **溝通學區的部分教學實作**（引導式閱讀、工作坊模式、合作學習等）。提供呈現預期課程實施實務的學習經驗範例，以協助教師在設計自己的教學單元計畫時建立連結與參考。

● **提供調節學習經驗進度的建議，使各個教室中的學生在相似的時程內為終點任務做好準備**。調節進度（pacing）可建議的範圍很廣泛，例如展開或導入單元時的學習經驗、單元中段的學習經驗，以及接近終點時進行的學習經驗。建議的學習經驗也可能依據實施週次區分。同年級的課程撰寫團隊最瞭解學區內的教師，清楚什麼樣的指導程度對教師們有幫助但又不至於規範性太強。

● **支持成功的遷移**。要記得，遷移是概念為本課程最重要的目標之一。如何建構以及傳達學習經驗，對能否達成概念為本的課程目標有重大影響。教師熟知需要演練或練習的那些教學方法，這些方法對類似的情境中，以大致相同的方式、一致的技能應用歷程（近端遷移），效果

還不錯。如本書前幾章主張，為了達成較複雜、抽象學習的**遠端**遷移，教學需要再上層樓並且為理解而教，教師重視的是有助於設計這類學習經驗的建議。

雖然沒有單一方法可以教會遠端遷移，學習經驗通常始於簡短的微課程（mini-lesson），由教師示範並描述運用於任務中特定部分的後設認知歷程。這些「範例」往往有助於學生在繼續進行任務時，反思自己的思考。

建議的學習經驗需要在不同的情境或文本中，每次都進行某種程度的問題解決與判斷。例如，當學生必須比較與對比作者的風格時，他們開始從特定的例子中衍生出一般性原則（通則）。這些任務需要深層的思維處理，包括分析類比、閱讀多元觀點後為特定立場形成論點、形成相反論點等，將有助於學生在盡力解決任務要求時建構理解的心智模型。這些例子和那些告訴學生「你要學習的是這些」、「你就這樣做」，最後說「現在開始做吧」的教學，形成強烈的對比。後者的教學類型可能幫助學生獲得程序性、近端遷移的技能，但無法建構當學生嘗試理解新知識時需要擷取的心智模型（先備知識）。許多當代的讀寫素養要求人們從身邊的鉅量資訊中選擇相關資訊、組織資訊、與先備知識整合，並在決策前謹慎的評析。各州共同核心標準的目的是幫學生做好準備以達到以上期許，因此在課程單元中，我們建議大部分的學習經驗必須反映建立學生概念性思考的任務。

大衛‧柏金斯（Perkins, 2009）看見許多試圖教導理解的課程設計中所產生的「困境」：

我們可能認為撰寫論述、寫故事、製作圖表、進行討論、戲劇創作等等是有效的理解任務表現，但我們看見其中的困境。它們提供充分機會進行理解任務表現，因而看起來會成功；但

是，這些任務表現通常不需要全面性切合目標的思考。（pp. 66-67）

這個觀點把我們帶回到重點——必須設計充分的學習經驗，才能讓學生**真正的展現理解**。學生可能需要完成前段柏金斯（Perkins, 2009）描述的任務範例，但是如果不要求他們進一步去**反思歷程、統整知識、解釋**如何選擇，並說明作品所代表的想法，那麼這個學習經驗還是無法達成我們的課程目標。

● 在單元最後，**要傳達學習經驗與學生必須能夠展現出的通則、關鍵內容與主要技能之間清楚而直接的連結**。處理內容和技能的學習經驗通常簡單而直接，但對教師來說，設計引導學生思考單元通則的學習經驗，就不是那麼顯而易見。因此，課程撰寫者通常用特定的單元通則編號來標示配搭的學習經驗建議。

看看下面這個例子，建議的**學習經驗**可能是：

學生兩兩配對檢視優質 PPT 簡報的評估標準與製作方法之後，讓他們討論如何以及為何要運用這些資訊來建構自己的個人課堂簡報。（G#2）

編號 G#2 指的是在單元中的第二個**通則**，其內容如下：

閱聽眾依據簡報的風格、正確性、清晰度以及配速來理解報告者的觀點。

這種通則與學習經驗的相互對照，幫助我們確保教學重點放在理解的目標，亦即可遷移的概念，而不是只專注在學習經驗中需要的發

表技能或內容知識。在單元的進展中，教師藉由各種學習經驗與引導問題來引領學生瞭解通則。

　　建議的學習經驗中也可能加上與教師教學單元計畫有關的其他資訊。在表 8.1 的範例中，課程撰寫者設計了一個模板來描述學習經驗，以及提供單元中的評量建議、可能的差異化教學點子以及教學的輔助資源。

　　有些學區要求將共同核心──或其他標準──依照編碼寫到學習經驗中，有些學區則要求將單元中應用的各州共同核心標準記錄在另一張表單上。我們的建議是：在同年級教師中，讓最瞭解如何可能成功實施課程的同事來主導決策。

步驟八與步驟九的總結

　　學習經驗提供教師課程實施的建議，包含單元的教學規劃並協助學生做好準備以達到單元終點評量的期望。單元的建議學習經驗僅提供如何盡可能設計好單元的建議，而單元實施過程中運用的評量將提供教師具體回饋，以瞭解學生需要哪些額外的學習經驗。

　　單元中提供的學習經驗應該以合乎邏輯的方式排序、逐漸增加難度並反映學區所重視的優質教學技能。你不會想要停止概念為本的課程，回復到學生不用大腦的完成學習單或活動──這樣的學習經驗沒有引導學生的概念性思考！當然，技能與內容的直接講述仍有其存在的空間，但是教師必須建構學習經驗，使學生在任務中需要思考、提問、對話、看到模式、連結並進行批判性分析，這些做法可以確保學生步入可遷移的概念性理解的歷程中。

　　最後，終點評量的性質決定了一個單元中建議的學習經驗份量。如前所述，有時評量任務得花上好幾個星期，學生才能完成最終的個別作品。課程撰寫者在規劃單元學習經驗時，必須將這些都列入考量。

表 8.1｜節錄三年級民間故事與奇幻文學單元建議的學習經驗

建議的時間表	建議的學習經驗（教師可以……）	評量（建議以及必須**）	差異化教學（支持與延伸）	教師與學生資源
第一週	建議閱讀與寫作工作坊課程的教學要點： 每一天導讀並朗讀不同的民間故事，並運用各種類型的引導問題，要求學生討論他們注意到民間故事有哪些特色。每一個民間故事都有一個「總」（master）表回應以下的問題：(G#1) ● 故事的場景設在哪裡？ ● 有哪些人物？ ● 這個故事是為誰寫的？ ● 作者的目的為何？ ● 這個故事有沒有主旨或是想傳達的訊息？(G#5) **在讀與寫教學中，提供建議教學重點的持續性教學指引／示範** 教師示範閱讀者用來推論主旨或訊息（運用文本證據與背景知識）的策略與技巧	教師的觀察以及學生（口頭、書面、指派任務）的反應 評量學生提出用以支持他們反應的文本證據 看學生是否注意到民間故事總表呈現出的共通模式——他們有發現 G#1 嗎？** 評量學生是否有超越微課程的要求，在指定任務中運用教學要點的情況** 注意學生在回應小組／全班討論與寫作時，是否運用文本語言／詞彙 評量學生用以支持他們口頭與書面回應的文本證據**	參考教室圖表（常規、如何檢查作業等等） 必要時提供答案架構 獨立閱讀額外的長篇民間故事 小組或個別的引導式教學	示範文本（mentor text）：「蜘蛛阿南西」（Anansi the Spider）系列 持續提供各式各樣的民間故事，讓學生在微課程後指派的任務中閱讀並運用

（續下表）

建議的時間表	建議的學習經驗（教師可以……）	評量（建議以及必須**）	差異化教學（支持與延伸）	教師與學生資源
	示範如何運用脈絡線索，瞭解艱難詞彙的問題解決方法	學生透過解釋以及例子，讓自己的思考變得可見，據此評量學生的**理解**	預先教導詞彙	示範文本：《獅子與老鼠》(The Lion and the Mouse)
	學生重讀熟悉的以及新的民間故事時，不斷探索問題：成語是什麼？成語如何傳遞民間故事的訊息或寓意？（**G#1**）	評量學生提出支持自己反應的文本證據	持續以上的想法 引導學生思考，必要時要提供提示	持續提供各式各樣的民間故事，讓學生在微課程後指派的作業中閱讀並運用
	學生在重讀熟悉的民間故事時，探索以下問題： ● 插圖如何幫助讀者瞭解人物的特質或感受？（**G#1**） ● 插圖如何協助傳達主旨？ ● 插圖如何刻畫民間故事中的文化？（**G#3**）	學生透過解釋以及例子，讓自己的思考變得可見，據此評量學生的**理解** 評估學生的推薦／發表	運用圖書館媒材專家或其他專長教師的協助	
第二週	在學生主導的小組或全班討論中，要求學生運用文本證據以及自己所學，針對他們熟悉的民間故事，形成關於插圖品質以及文本形式的意見。（**G#3**）	指派與教學要點相關的任務，並持續監看學生進行此任務的個人寫作日誌		

（續下表）

建議的時間表	建議的學習經驗（教師可以……）	評量（建議以及必須**）	差異化教學（支持與延伸）	教師與學生資源
	作者的人物選擇如何輔助文本意義或訊息的傳達？（G#1）	學生的書面或口頭反思	性格特質詞彙庫	示範文本：《蚊子為何在人們耳邊嗡嗡叫》（Why Mosquitoes Buzz in People's Ears）
	運用文本＿＿＿，你如何描述其中的人物？務必提供證據支持你的想法。（G#1）		運用便利貼或螢光筆標示資訊	
	請學生兩兩配對，批判性的分析文本中的人物與事件，並思考下列問題，準備好說明是否推薦這個民間故事：		教師用更加明示的教學進行一對一示範	持續提供各式各樣的民間故事，讓學生在微課程後指派的作業中閱讀並運用
	● 這個故事引人入勝嗎？為什麼會或為什麼不會？			
	● 作者達成他的目的了嗎？為什麼有或為什麼沒有？			
第三週	● 這個故事的訊息和每個人都有關還是只和部分人有關呢？為什麼都有關或為什麼沒有？（等等）（G#1、3、4、5）			
	你最喜歡哪一個人物？為什麼？這如何影響你對這個故事的看法？（G#4）			
	哪一個民間故事最為貼近你個人的經驗？（G#5）			
	待續……			

代號：G＝通則

來源：North Haven Public Schools, North Haven, CT. 作者：Janice Ragan, Grade 3, Green Acres School; Marylyn Tantorski, Grade 3, Ridge Road School; Corki Cuomo, Grade 3, Montowese School; Marilyn Sapienza, K-5 Language Arts Consultant, Montowese School.

步驟十：撰寫單元概述

　　恭喜你！你已經抵達撰寫概念為本課程單元的最後一個步驟。這個步驟要求寫出一段概述，作為教師對學生介紹課程單元時運用的文字。有什麼誘人的問題可能激發學生對即將進行的學習產生興趣？是否有適合朗讀的簡短情節，可以用來吸引學生的注意力？是否有任何背景知識可以觸發學生的興趣？以上只是課程撰寫者可以運用的幾個選項。接下來是兩個單元概述的範例：

　　誰是你的英雄？所有的英雄都必須是真實的嗎？是什麼讓一個英雄成為英雄？在我們的下一個單元，我們將藉由中世紀初期居住在英國的人們的文學作品穿越時空——包含英國人、盎格魯撒克遜人、維京人以及諾曼人。我們將探討這些文化中的文學、歷史、宗教及語言，並從神話、傳奇故事、歷史著作等體現中，專注於其中呈現的英雄典型。我們也會考量這些中世紀初期英雄的特質，並和現在的英雄作比較。你可能會對他們的相似點與不同點感到驚訝！

　　我需要資訊！我和朋友正在規劃假期的旅遊行程，但我們不太確定該去哪裡。我們只有六個星期可以構思。我們想要去溫暖的地方、我們都愛游泳，還想要確定地點不是太遠，因為我只有一個星期的假期。最後，花費不能太高！嗯……我要從哪裡開始尋找我需要的所有資訊？好吧，在我們的新單元，我將要讓你們看見我找到有用資訊的研究歷程，這樣我就能挑選完美的渡假地點。最棒的是，我們渡假回來後，我將運用我在出發前蒐集以及在當地體驗得到的資訊，描寫這個旅遊點，這對其他人將是很有幫助的指南，你們也這麼認為嗎？我們會共同經歷研究歷程——當你們研究有關你們將深入學習的主題資訊

時，我也會進行找的研究；而你們也將寫下你們的相關學習並和全班分享。我們有好多事得做，咱們開始吧！

步驟十總結

單元概述是撰寫課程單元的盛大終章。藉由客製化的單元描述以吸引學生對接下來的學習產生興趣，將帶給單元美好的開始。雖然單元概述傳達的是單元的內容焦點，但其中的問題與敘述性描述則是在第一天就抓住學生心與腦的一種方法。

第九章包含一些不同學區與年級的單元範例。整體性的綜覽這些單元，將會幫助你看出來在概念為本的課程中，各項構成要素如何互補並達成教學與學習的最大效益。

PART **III**

概念為本課程的樣貌

CHAPTER

09

概念為本的英語文單元
看起來是什麼樣子

　　本書的使命之一是協助讀者理解概念為本的課程設計。我們試著用一個小評量來檢視我是否達成這個任務。請寫出兩個通則，表達閱讀本書至此，你對概念為本課程的理解。記得運用撰寫強大通則的基準。

　　你寫得如何？下面這個通則範例可能抓到你的作品之一的想法。讀者將理解……

　　概念性課程可以作為符合高標準的指南。

　　麗娜・札斯克斯（Rina Zazkis）、彼得・雷及多（Peter Liljedahl）與伊根・柯諾夫（Egan J. Chernoff）在 2007 年發表了一篇優秀的數學論文，分享在學生發展出形成與辯駁通則的能力中，範例扮演的重要角色。他們主張，學生接觸到的教學範例對學生發展形成通則的能力具有關鍵性影響。正如前幾章的討論，在教學過程中，讓學習者接觸某個教學理解目標的大量範例，將有助於他

們開始注意到其中的模式，並將思考從個別案例轉移至概念層級的理解。正是這種綜效性思考幫助學生的學習留存得更久，並且將學習遷移到新情境（Erickson, 2008）。此外，札斯克斯等人（2007）進一步討論到關鍵性範例的角色。關鍵性範例是特別選用的範例，目的是創造或解決認知衝突，並使學習者改變思維或放棄原有的思考。換言之，範例的選擇有助於促成有效的通則或拒斥不正確的通則。

因為本書篇幅限制，我們難以提供大量的單元範例。有些已經步入概念為本課程設計的學區（例如康乃狄克州密朵貝里及梭斯貝里社區所屬的龐培若區域學校第 15 學區）瞭解範例的重要性，因而僅收取少許費用即可提供單元範例以幫助概念為本課程設計的新手。本章呈現的三個單元範例雖然在設計上各有細微差異，但仍然忠於概念式取向。希望這些範例以及散布全書各章節的其他範例，能夠有效提升大家對概念為本課程設計歷程的瞭解。

小學英語文單元範例

我們先從康乃狄克州諾海文（North Haven）地區諾海文公立學校的小二單元開始檢視。

表 9.1 的單元網絡顯示初步腦力激盪的成果，藉此開始規劃概念以提供單元的基礎。注意此網絡中不包括主要技能！主要技能會在單元後段以及建議的學習經驗中出現。通則涵蓋單元網絡中所有的支線以獲取平衡，代表全面且均衡的讀寫素養學習中的重要理解。這個單元中，同樣有意思的是教師們以每個單元通則為中心，編寫出自己建議的學習經驗。值得注意的還有，本單元撰寫教師所提供的建議學習經驗，跟用於教學單元計畫的閱讀者與寫作者的工作坊架構密切配合。

表 9.1│小學階段的概念為本英語文單元範例

K-12 英語文課程
二年級

標題：人物研究：我們如何認識人物？

日期：2012 年 1 月 26 日

年級：二

單元標題：人物研究：我們如何認識人物？
概念透鏡：人物刻畫

瞭解文本：
- 主要事件與挑戰
- 敘事文本的故事元素
- 人物的視角
- 人物特質、對話、動作
- 人物的聲音
- 詞彙
- 友誼的品質
- 彙總
- 符合年齡程度的拼讀以及字詞分析
- 推論
- 能支持領悟的問題
- 流暢度

反應文本：
- 與人物有意義的連結
- 文本證據
- 夥伴共讀／分享
- 在不同文本中人物的相似與相異處
- 主要想法與細節
- 全面性的描述

單元標題：

人物研究：我們如何認識人物？

生成文本：
- 口頭／書面反應（對文學性、詮釋性及開放性問題）
- 共享寫作
- 敘事寫作
- 寫作慣用法
- 寫作歷程
- 時間詞
- 轉折詞
- 眼神接觸、說話聲音
- 個人意見（寫作日誌）

評析文本：
- 有文本證據支持對作者人物描寫的意見
- 人物的可信度
- 真實的問題／解方
- 文本插圖的品質
- 結論

年級：二

單元標題：人物研究：我們如何認識人物？
概念透鏡：人物刻畫

單元概述（吸引學生投入的單元內容摘要介紹）：

微課程格式

你們現在已經是二年級學生，我知道你們讀過也寫過許多故事。故事的關鍵元素之一是人物。作者如何幫助你熟悉人物？你如何形成是否喜歡或不喜歡某個人物的意見？你相信人物是真實的嗎？或者你認為自己或你認識的某人就像故事中的人物？以上這些看法如何形成？我們將要透過這個新的單元，找出以上問題的部分答案。在單元結束時，你不只能夠為你故事中的人物增添細節，還可以在新接觸的書中找到一些像老朋友般熟悉的人物。

本單元適用的康乃狄克州共同核心標準：

本單元涵蓋的各州共同核心標準列示於主要技能中。

年級：二

單元標題：人物研究：我們如何認識人物？

通則	引導問題 （F＝事實性；C＝概念性；P＝激發性）
1. 人物在對話與行動中透露出性格特質。	1a. 什麼是性格特質？（F） 1b. 什麼是故事對話？（F） 1c. 作者如何讓讀者知道什麼時候人物在「說話」？（F） 1d. 如何運用性格特質描述人物？（C） 1e. ＿＿＿＿故事中的重要人物有哪些性格特質？（F） 1f. 人物說了什麼話以及做了什麼事可以證明他們具有這些特質？（F） 1g. 文本中的其他資訊如何支持讀者對某個人物的瞭解？（C） 1h. 性格特質是否可能兼具善與惡？（P）
2. 背景經驗幫助讀者辨識故事人物並產生連結。	2a. 哪些人是＿＿＿＿書中的主要人物？（F） 2b. 哪些人是書中的配角（supporting characters）？（F） 2c. 如何區別重要人物和配角的差異？（C） 2d. 書中人物從故事開始到結束可能會如何轉變？（C） 2e. 你有哪些跟故事中人物相似的經驗？（P） 2f. 故事中的人物都會轉變嗎？從不同書中引述證據。（F）
3. 作者根據文類與目的發展故事與其中的人物。	3a. 什麼是文類？（F） 3b. ＿＿＿＿故事屬於哪一種文類，你如何得知？（F） 3c. ＿＿＿＿文本中的哪些證據顯示人物是/不是可信的？（F） 3d. 所有人物都必須是真實可信的嗎？（P） 3e. ＿＿＿＿故事中的問題與解決方法是什麼？請用文本證據支持你的說法。（F） 3f. 人物和故事契合/不合的程度為何？（C） 3g. 作者如何為故事挑選人物？（C） 3h. 人物＿＿＿＿的聲音聽起來如何？（F）
4. 人物關係形塑並推動故事中的事件發展。	4a. 什麼是關係？（F） 4b. 關係有哪些不同的類型？（F） 4c. 關係如何隨著時間變化？（C） 4d. 為什麼關係會改變？（C） 4e. ＿＿＿＿故事中的人物之間關係為何？（F） 4f. 人物的關係在整個故事發展過程中有改變嗎？如果有，如何改變？（F） 4g. 人物關係的改變可能如何影響故事的其他部分？舉例支持你的想法。（C） 4h. 如果人物之間的關係不同，＿＿＿＿故事的結局會如何改變？（P） 4i. 各個人物視角的差異如何使故事變得更有趣？（C）

（續下表）

通則	引導問題 （F＝事實性；C＝概念性；P＝激發性）
5. 讀者運用文本中的證據形成對人物的推論。	5a. 人物的行為舉止如何幫助讀者進行預測？（C） 5b. 當預測不正確時，優秀的讀者會做什麼？（F） 5c. 什麼是推論？（F） 5d. 你在故事中發現了哪些線索使你相信人物 _____？（F） 5e. 所有的線索都指向相同的推論嗎？（P） 5f. 為何有時推論會改變？（C） 5g. 哪些證據引導你喜歡或欣賞人物 _____？為何或為何不？（P） 5h. 插圖如何影響讀者的推論？（C）

關鍵內容與主要技能

關鍵內容 學生會知道什麼	主要技能 學生將能夠做什麼
瞭解文本： ● 敘事文本的故事元素 ● 作者為不同目的書寫 ● 脈絡中的詞彙 ● 閱讀前、閱讀中、閱讀後的閱讀策略 ● 預測創造期待 ● 重述／彙總 ● 推論的意義 ● 性格特質／聲音的意義	**瞭解文本：** CCSS RF.2.3：知道並運用適合年級的字母拼讀法以及字詞分析技能來解讀文字。 CCSS RF.2.4：閱讀達到充分的正確性與流暢度以奠立理解的基礎。 CCSS RL.2.1：詢問並回答**誰、什麼、哪裡、何時、為什麼**以及**如何**（譯按：5W1H）等問題，展現對文本重要細節的理解。 CCSS RL.2.3：描述故事中的人物如何回應重大事件與挑戰。 CCSS RL.2.6：知道各個人物的視角不同，包括在朗讀時讓每個人物用不同的聲音講話。 CCSS L.2.4：依據二年級的閱讀與內容，從一系列策略中彈性選擇，以決定或釐清他們不認得或有多重意義的單字片語的意義。 CCSS RL.2.7：運用從紙本或電子文本的插圖與文字中獲取的資訊，展現對人物、場景與情節的理解。
反應文本： ● 與文本建立有意義連結的重要性 ● 字面上、詮釋性以及哲學性等不同層次的提問與回應 ● 討論的行為 ● 如何運用文本證據強化反應	**反應文本：** CCSS SL.2.1：在同儕與成人構成的小組或大團體中，針對**二年級的主題與文本**，參與異質性夥伴之間的協作式對話。 CCSS SL.2.2：從朗讀文本、口頭呈現的資訊或是其他媒材，講述或描述重要想法或細節。 CCSS W.2.8：從經驗中回想資訊，或從課程提供的資源中蒐集資訊來回答問題。 CCSS L.2.6：運用從對話、閱讀、聆聽他人朗讀以及反應文本中習得的單字或片語（包含形容詞和副詞）進行描述。

（續下表）

關鍵內容 學生會知道什麼	主要技能 學生將能夠做什麼
評析文本： ● 意見與事實的意義 ● 評論作者技法的元素（人物的可信度、插圖、真實性問題／解答等）	**評析文本：** CCSS RL. 2.4：描述單字或片語（例如規律的節拍、頭韻、韻腳、疊句）如何在故事、詩歌與歌曲中提供韻律與意義。 CCSS RL.2.5：描寫故事的整體結構，包含開始時如何介紹故事以及結尾如何進行總結。 CCSS W.2.1：撰寫評論文章來介紹書寫的相關主題或書籍、陳述意見、提供支持意見的理由、運用連接詞（例如**因為**、**與**、**以及**）連結意見和理由，並提供總結性陳述或段落。
生成文本： ● 具有文本證據的書面反應 ● 敘事文本結構──故事元素 ● 寫作歷程的階段 ● 時間詞或轉折詞的意義 ● 小二學生的寫作慣用法 ● 口頭發表的約定	**生成文本：** CCSS W.2.3：書寫記敘文，詳細闡述一個事件或一小串事件，包含描寫行動、想法、感受的細節，並且運用時間詞顯示事件順序，並提供讀者結束的感覺。 CCSS L.2.2：寫作時展現對英文大寫、標點符號、拼字等慣用法的掌控能力。

第一週：透過建議的學習經驗引導學生瞭解……

G#1：人物在對話與行動中透露出性格特質。

教學重點	引導問題	建議的資源	評量	建議的結構
• 讀者注意人物如何彼此對話。 • 作者運用特定的技巧表現人物對話。 • 可以運用長相、舉動與感受來描述人物。 • 性格特質是用來描述人物的長相、舉動和感受的那些字詞。 • 讀者/作者在他們自己的閱讀與寫作中辨識性格特質。	• 什麼是故事對話？（F） • 什麼是性格特質？（F） • 你如何在寫作時運用性格特質描寫人物？（C） • 故事中的人物（們）有哪些性格特質？（F）	• Chrysanthemum, Mary Hoffman • Ira Sleeps Over, Bernard Waber • Chester's Way, Kevin Henkes • Frog and Toad, Arnold Lobel • Tacky the Penguin, Helen Lester • Thank you, Mr. Falker, Patricia Polacco • Henry and Mudge, Cynthia Rylant • Officer Buckle and Gloria, Peggy Rathmann • Stand Tall, Molly Lou Melon, Patty Lovell • SkippyJon, Jones, Judy Schachner	• 一對一晤談指導 • 教師的觀察 • 學生的口語／書面回應	• 分級圖書車 • 讀者／作者工作坊 • 夥伴朗讀 • 引導式閱讀 • 策略小組 • 共讀與共寫 • 一對一閱讀與寫作晤談

第二週：透過建議的學習經驗引導學生瞭解……

G# 1：人物在對話與行動中透露出性格特質。

教學重點	引導問題	建議的資源	評量	建議的結構
● 讀者運用作者在文本中創造的線索，瞭解人物的長相、舉動及感受。	● 你如何運用文本中的資訊支持你的描述？（C） ● 這個人物曾經說過什麼，可以證明他/她是_____？（F） ● 某個人物做了什麼證明他/她是_____？（F） ● 所有的人物都有特質嗎？（F） ● 一個性格特質是否可能善惡兼具？（P） ● 你如何在故事中納入有關人物的線索？（F）	● *The Recess Queen,* Alexis O'Neill ● *Hop Jump,* Ellen Stoll Walsh ● *Jamaica's Find,* Juanita Havill ● *Sheila Rae, The Brave,* Kevin Henkes ● *A Weekend With Wendell,* Kevin Henkes ● *Odd Velvet,* Mary Whitcomb ● *Chester's Way,* Kevin Henkes ● *Oliver Button is a Sissy,* Tomie dePaola	● 一對一晤談指導 ● 教師的觀察 ● 學生的口語/書面回應	● 分級圖書庫 ● 讀者/作者工作坊 ● 夥伴 ● 朗讀 ● 引導式閱讀 ● 策略小組 ● 共讀與共寫 ● 一對一閱讀與寫作晤談

第三週：透過建議的學習經驗引導學生瞭解……

G# 2：背景經驗幫助讀者辨識故事人物並產生連結。

教學重點	引導問題	建議的資源	評量	建議的結構
● 讀者指認主角與配角。 ● 讀者與作者區分主角與配角。	● 誰是主角？誰是配角？(F) ● 主角和配角如何不同？(C)	● 以上提到的文本以及…… ● 額外的範文 ● 六要素寫作法（six traits） ● 學生閱讀與書寫日誌	● 一對一晤談指導 ● 教師的觀察 ● 學生的口語／書面回應 ● 指定作業的評量 ● 寫作歷程檔案 ● 閱讀日誌	● 分級圖書庫 ● 讀者／作者工作坊 ● 夥伴 ● 朗讀 ● 引導式閱讀 ● 策略小組 ● 共讀與共寫 ● 一對一閱讀與寫作晤談

第四週：透過建議的學習經驗引導學生瞭解……

G# 2：背景經驗幫助讀者辨識故事人物並產生連結。

教學重點	引導問題	建議的資源	評量	建議的結構
● 讀者與作者在故事過程中持續追蹤人物特質。 ● 讀者和故事中的人物產生連結。	● 人物從故事開始到結尾可能如何改變？(C) ● 你有哪些和故事人物（們）類似的經驗？(C) ● 人物在故事中總會改變嗎？提出不同書本中的證據。(F)	● 範文 ● 學生的寫作日誌 ● 六要素寫作法 ● 學生的閱讀與寫作日誌	● 一對一晤談指導 ● 教師的觀察 ● 學生的口語／書面回應 ● 指定作業的評量 ● 寫作歷程檔案 ● 閱讀日誌	● 分級圖書庫 ● 讀者／作者工作坊 ● 夥伴 ● 朗讀 ● 引導式閱讀 ● 策略小組 ● 共讀與共寫 ● 一對一閱讀與寫作晤談

第五週：透過建議的學習經驗引導學生瞭解……

G# 3：作者根據文類與其目的發展故事與其中的人物。

教學重點	引導式問題	建議的資源	評量	建議的結構
● 讀者與作者分辨訊息類與虛構性文本。 ● 讀者尋找作者創造的線索，判定人物是否真實。	● 什麼是文類？（F） ● 這個故事屬於哪種文類？你如何知道？（F） ● 文本中有什麼證據顯示人物可信／不可信？（F） ● 所有的人物都必須是可信的嗎？（P）	● 其他系列書籍 ● 學生的閱讀與寫作日誌 ● 六要素寫作法	● 一對一晤談指導 ● 教師的觀察 ● 學生的口語／書面回應 ● 指定作業的評量 ● 寫作歷程檔案 ● 閱讀日誌	● 分級圖書庫 ● 讀者／作者工作坊 ● 夥伴朗讀 ● 引導式閱讀 ● 策略團隊 ● 共讀與共寫 ● 一對一閱讀與寫作晤談

第六週：透過建議的學習經驗引導學生瞭解……

G# 3：作者根據文類與其目的發展故事與其中的人物。

教學重點	引導問題	建議的資源	評量	建議的結構
● 讀者與作者可以辨識不同的關係類型。 ● 讀者與作者追蹤關係如何在一段時間後發生變化，以及發生了什麼結果。	● 什麼是關係？（F） ● 有哪些不同的關係類型？（C） ● 經過一段時間後關係如何發生改變？（C） ● 為什麼關係會發生改變？（C）	● 讀者／作者的筆記／日誌 ● 六要素寫作法的詞彙	● 一對一晤談指導 ● 教師的觀察 ● 學生的口語／書面回應 ● 指定作業的評量 ● 寫作歷程檔案 ● 閱讀日誌	● 分級圖書庫 ● 讀者／作者工作坊 ● 夥伴朗讀 ● 引導式閱讀 ● 策略小組 ● 共讀與共寫 ● 一對一閱讀與寫作晤談

第七週：透過建議的學習經驗引導學生瞭解……

G# 4：人物關係形塑並推動故事中的事件發展。

教學重點	引導問題	建議的資源	評量	建議的結構
● 讀者與作者辨識不同的關係類型。 ● 讀者與作者追蹤關係如何在一段時間後發生變化以及發生了什麼結果。	● 什麼是關係？（F） ● 有哪些不同的關係類型？（C） ● 經過一段時間後關係如何發生改變？（C） ● 為什麼關係會改變？（C）	● 讀者／作者的筆記／日誌 ● 六要素寫作法的詞彙	● 一對一晤談指導 ● 教師的觀察 ● 學生的口語／書面回應 ● 指定作業的評量 ● 寫作歷程檔案 ● 閱讀日誌	● 分級圖書庫 ● 讀者／作者工作坊 ● 夥伴 ● 朗讀 ● 引導式閱讀 ● 策略團隊 ● 共讀與共寫 ● 一對一閱讀與寫作會議

第八週：透過建議的學習經驗引導學生瞭解……

G# 4：人物關係形塑並推動故事中的事件發展。

教學重點	引導問題	建議的資源	評量	建議的結構
● 讀者與作者決定故事中人物間的關係。 ● 讀者必須注意作者如何時而改變人物關係，以及這個改變對故事造成什麼影響。	● 故事中，人物之間有什麼關係？（F） ● 人物關係在整個故事發展過程中有改變嗎？如果有，如何改變？（F） ● 人物關係的改變可能如何影響故事的其他部分？舉例以支持你的論述。（C） ● 如果人物之間的關係不同，＿＿＿故事的結局會如何改變？（P） ● 各個人物視角的差異如何使故事變得更有趣？（C）	● 讀者／作者的筆記／日誌 ● 六要素寫作法	● 一對一晤談指導 ● 教師的觀察 ● 學生的口語／書面回應 ● 指定作業的評量 ● 寫作歷程檔案 ● 閱讀日誌	● 分級圖書庫 ● 讀者／作者工作坊 ● 夥伴 ● 朗讀 ● 引導式閱讀 ● 策略團隊 ● 共讀與共寫 ● 一對一閱讀與寫作晤談

第九週：透過建議的學習經驗引導學生瞭解……

G# 5：讀者運用文本中的證據形成對人物的推論。

教學重點	引導問題	建議的資源	評量	建議的結構
● 讀者注意到作者希望我們知道、但是不用文字說明的某些事物。	● 什麼是推論？（F） ● 你在故事中發現了哪些線索讓你相信_____？（F） ● 所有的線索都指向相同的推論嗎？（P） ● 為何推論有時會改變？（C） ● 哪些證據引導你喜歡或不喜歡人物_____？為什麼？（P）	● 同上週	● 一對一晤談指導 ● 教師的觀察 ● 學生的口語／書面回應	● 分級圖書庫 ● 讀者／作者工作坊 ● 夥伴 ● 朗讀 ● 引導式閱讀 ● 策略小組 ● 共讀與共寫 ● 一對一閱讀與寫作晤談

第十週：透過建議的學習經驗引導學生瞭解……

G# 5：讀者運用文本中的證據形成對人物的推論。

教學重點	引導問題	建議的資源	評量	建議的結構
● 讀者根據人物的行為舉止進行預測。 ● 作者提供讀者有關人物的線索。	● 人物的行為如何幫助讀者進行預測？（C） ● 當預測不正確時，優秀的讀者會做什麼事？（F）	● 同上週	● 一對一晤談指導 ● 教師的觀察 ● 學生的口語／書面回應 ● 單元終點評量任務（待發展：發表的規準）	● 分級圖書庫 ● 讀者／作者工作坊 ● 夥伴 ● 朗讀 ● 引導式閱讀 ● 策略小組 ● 共讀與共寫 ● 一對一閱讀與寫作晤談

終點實作任務

什麼? 學生將調查某個鍾愛人物的特質……

為什麼? …… 為了瞭解人物間的對話與行動會透露出性格特質。

如何做?
步驟一:從你在單元中讀過的故事裡選擇某個人物。
步驟二:重讀這篇故事,並且決定你想要調查的某個性格特質。
步驟三:完成性格特質網絡:

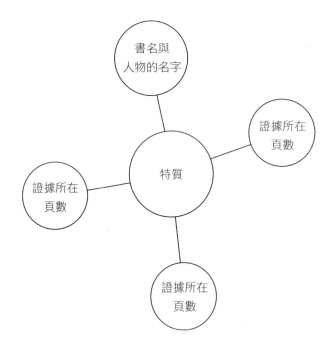

步驟四:對全班發表你的發現,包括你發現作者如何透露性格特質。

作者群:Josh Anderson, Marie Camerato, Jennifer Ciaburro, Carrie Gambardella, Rachel Sullivan
來源:North Haven Public Schools, North Haven, CT

國中英語文單元範例

　　表 9.2 的範例來自康乃狄克州密朵貝里及梭斯貝里社區所屬的龐培若區域學校第 15 學區。這個六年級單元（譯按：美國學制一至五年級屬小學階段，六至八年級屬國中階段，九至十二年級屬高中階段。）圍繞著名為「我們如何可能改變世界？」的概念性主題撰寫。

表 9.2 │ 國中階段的概念為本英語文單元範例

龐培若區域學校第 15 學區
適用於康乃狄克州密朵貝里及梭斯貝里社區

K-12 英語文課程
六年級

單元四：我們如何可能改變世界？

日期：2012 年 1 月

來源：本單元出自於 *Pomperaug Regional School District 15* in Middlebury/Southbury, Connecticut。經允許後可運用。

年級：六

學習單元：我們如何可能改變世界？

概念透鏡：批判性立場（Critical Stance）

瞭解文本：（R, V, L）
- 因／果
- 聲音——視角
- 非小說與小說的結構
- 準確與偏見的內容
- 社會行動主義
- 非正義
- 推論
- 同理
- 態度的改變

反應文本：（L, S, P）
- 考量其他視角／彈性的思考
- 習得的課題
- 相關的問題
- 反思
- 連結
- 摘要
- 文本／想法的綜整
- 個人觀點
- 高效討論的動能

單元標題：

我們如何可能
改變世界？

生成文本：（P, W, S）
- 說服性書寫技巧
- 研究歷程
- 口語表達
- 辯護

評析文本：（L, V, R, S, P）
- 作者的技法——分析文本結構／作者的推理
- 批判性立場——結果／結論的正當性
- 論證
- 作者的目的
- 偏見
- 內容的準確性

注意：在第 15 學區的課程中，**文本**界定為用來為溝通想法、情感或資訊的任何印刷或非印刷媒介。

代號：

R＝閱讀　　L＝聆聽

V＝觀看　　S＝口說

W＝寫作　　P＝發表

年級：六

學習單元：我們如何可能改變世界？

【時間規劃：大約六週】

概念透鏡：批判性立場

單元概述（吸引學生投入的單元內容摘要介紹）：

你曾經必須對你真心相信或感受強烈的事情採取立場嗎？你經歷過非正義而想要採取行動嗎？ 你有能力為你的世界帶來改變。在這個單元，我們將會探索作者的創作技法、視角及批判性立場。作為一個社會行動者，你將對爭議性的議題表達觀點並為自己的觀點辯護。在研究過主題後，你將寫一封信表達你的視角並針對問題提出解決的建議。

科技融入：（教師或學生需要運用哪些技能？需要具備多少知識，或對網路和工具的熟悉程度有多少？）

適當的研究——運用網路、雜誌、報紙、書籍。

第 15 學區的英語文課程已經交叉檢核並扣合各州共同核心標準

年級：六

學習單元：我們如何可能改變世界？

持久理解 （通則）	焦點問題 （F＝事實性；C＝概念性；P＝激發性）
1. 一個表達意見的作品（紀錄片、報紙社論、書籍等）可能改變個人或團體的信念（belief）、確信（conviction）與意見（opinion）。 （UT, RT）	1a. 什麼是社會行動主義（social activism）？（F） 1b. 為什麼人們閱讀和書寫有關社會改變的作品？（C） 1c. 你的視角如何形成？（F） 1d. 在創造社會改變時，個人和團體之間的關係為何？（C） 1e. 哪些社會改變已經普遍影響到你的生活、學校、城鎮以及世界？（F）
2. 文本中的理念可能引發激烈的討論，促使團體採取行動進而導致激底的改變。 （UT, RT, CT）	2a. 作者採取哪些文學技巧進行說服？（F） 2b. 是什麼讓這個題材具有攸關性？（F） 2c. 作者採用哪些文學技巧表達他對議題的立場？（F） 2d. 現狀（status quo）是什麼？（F） 2e. 為何要挑戰現狀？（C） 2f. 何時維持現狀是可以被接受的？（P） 2g. 什麼是衝突？（F） 2h. 當作者的立場中立時，你如何詮釋文本？（C）
3. 許多作者藉由文字選擇、聲音以及題材在文本中創造衝突，以挑戰現狀或說服他人。 （PT, UT, CT）	3a. 作者寫這個故事的目的是什麼？（F） 3b. 人物或人們的行動如何激發討論？（C） 3c. 高效能討論的動能是什麼？（F） 3d. 要從討論進展到行動，需要發生什麼？（C） 3e. 作者如何激勵改變的發生？（C）
4. 以多元視角探討主題的讀者，可以培養有根據的立場，因而揭露並消弭個人的偏見。 （UT, CT, RT）	4a. 什麼是偏見？（F） 4b. 你如何辨識偏見？（F） 4c. 你如何以開放性思維閱讀各種觀點？（P） 4d. 閱讀多種觀點如何能支持你形成自己的意見？（C） 4e. 當你構思自己的文本時，如何考量不同的視角？（C）
5. 作者依據目的與對閱聽眾的瞭解，構思並選擇說服性論點的格式。 （PT, UT）	5a. 你如何選定讓你懷抱熱情的主題？（F） 5b. 你所選擇的形式／文類如何倡導你的議題？（F） 5c. 你如何針對閱聽眾與目的選定適當的聲音？（F） 5d. 什麼樣的格式對特定的閱聽眾特別有效？（F） 5e. 有哪些不同的文本媒介？（F）

（續下表）

持久理解 （通則）	焦點問題 （F＝事實性；C＝概念性；P＝激發性）
6. 藉由社會行動，人們可能感動其他人以成就社會的急迫需要。 （UT, RT, PT）	6a. 在 _____ 故事中的社會問題是什麼？（F） 6b. 什麼讓 _____ 有動機去採取行動？（F） 6c. 為了達成改變，為什麼 _____ 願意面對過程中遭遇的阻力？（F） 6d. 在什麼情形下社會行動不是引發改變的最佳方法？（P） 6e. 世界上需要社會行動家嗎？（P）

代號（預期表現）：

PT：生成文本　UT：瞭解文本　CT：評析文本　RT：反應文本

關鍵內容與主要技能

關鍵內容	主要技能
瞭解文本： ● 作者寫作的目的 ● 作者表達立場的文學技巧 ● 聲音如何影響視角 ● 因果的意義 ● 社會改變的意義	**瞭解文本：** ● 建立推論 ● 採取批判性立場 ● 提出結論 ● 辨識偏見 ● 彙總兩個或多個想法 ● 詮釋作者的視角——例如：作者採取支持、反對還是中立立場？ ● 建立連結 ● 當觀點不清楚時進行推論
反應文本： ● 團隊討論規範 ● 文本證據的重要性 ● 其他的視角有助於擴展理解	**反應文本：** ● 運用背景知識支持看法 ● 討論人物的行為、關係、態度以及動機 ● 區分事實與觀點 ● 引用文本證據來支持詮釋 ● 聆聽其他人的發言
評析文本： ● 作者的資歷 ● 偏見是什麼意思 ● 批判性立場的意義	**評析文本：** ● 做出判斷 ● 比較與對比文本媒介 ● 比較／對比多重視角 ● 根據事實與觀點採取批判性立場 ● 在文本中辨識社會行動的議題 ● 分析想法與故事人物之間的關係
生成文本： ● 作品裡的聲音 ● 說服性書信撰寫 ● 適合閱聽眾的格式	**生成文本：** ● 從不相關的資訊中辨別出相關訊息 ● 運用組織策略：引發好奇的開頭（hook）、轉折、句子流暢度 ● 運用適當的慣用法、用字選擇以及聲音 ● 正確的列出引用來源 ● 調查並蒐集和主題相關的資訊 ● 在寫作中統整事實 ● 選擇與目的相符的結構／文類 ● 運用說服技巧讓對方理解你的觀點

年級：六
我們如何可能改變世界？

建議的 時間表	建議的學習經驗 （教師可以……）	評量 〔建議以及必須（**）〕	差異化教學 （支持與延伸）	資源
週次 **1-2**	運用預期導引（anticipatory guide，譯按：預期導引是閱讀開始前進行的一種理解策略，旨在活化先備知識並引發對新主題的好奇心）來啟動有關社會行動的討論。單元結束前應該再進行一次，比較前後信念的差異。 腦力激盪社會行動的定義。EU#1 調查各班級，找出學生關心或有興趣的議題或主題。 朗讀精選繪本及（或）最近讀者給編輯的投書，讓學生接觸社會行動議題。EU#1 根據在課堂中閱讀的短篇文本，創建圖表或討論社會行動是什麼或不是什麼。EU#1	速寫（quickwrites）** 學生自己從預期導引中選擇一個自己感受強烈的陳述。學生以書面反應自己選擇的速寫。 學生需要定義社會改變。 學生對全班 / 小組 / 夥伴分享各自的反應。** 學生辨識自己感受強烈的部分並撰寫一則預期陳述。**	示範速寫反應的佳作。 學生可能需要一對一或在小組中進行以利於釐清想法。 展示字詞牆（Word Wall）海報模板。 換個方式重述問題。 分享過去學生的作品模式。	繪本： *Martin's Big Words* *Rosa Parks* *The Great Kapok Tree* *I Have a Dream* *The Other Side* *When Marian Sang* *Carl the Complainer* *The Story of Ruby Bridges* *Virgie Goes to School With Us Boys* *The Ballot Box Battle* *Ryan and Jimmy and the Well in Africa That Brought Them Together* 最近寫給報紙編輯的讀者投書 *50 Simple Things Kids Can Do to Save the Earth* 學生選書的討論小組： ● *The Outcasts of 19 Schuyler Place* by E. L. Konigsburg ● *Riding the Flume* by Patricia Curtis Pfitsch（T） ● *Hoot* by Carl Hiaasen（T）

（續下表）

建議的 時間表	建議的學習經驗 （教師可以……）	評量 〔建議以及必須（**）〕	差異化教學 （支持與延伸）	資源
	讓學生創建並發表社會行動詞彙字詞牆海報。EU#3 利用公布欄展示學生作品。 複習非小說與文本結構的要素。 EU#3、#5、#6	學生發表字詞牆的字詞海報。** **重要資源：** E：容易 T：年度中當季代表性題材 C：挑戰級 MT：範文		• _Flush_ by Carl Hiaasen（T） • _Edwina Victorious_ by Susan Bonners（E） • _Counting on Grace_ by Elizabeth Winthrop（T） • _Iqbal_ by Francesco D'Adamo（T） • _The Missing 'Gator of Gumbo Limbo_* by Jean C. George（T） • _A Day for Vincent Chin and Me_ by Jacqueline Turner Banks（T） • _Stuffed_ by Eric Walters（E） • _Lostman's River_ * by Cynthia DeFelice（C） • _The Boy Who Saved Baseball_ by John H. Ritter（T） *絕版書
週次 3-6	介紹供學生選擇的文本，安排學生組成合作式閱讀討論小組。 學生閱讀時，要求他們找出文本中的社會行動議題。 EU#2 要學生運用焦點問題進行對文學的反應。	出場券。 運用焦點問題進行對文學的反應。 蒐集便利貼。 _The Boy Who Save Baseball_ 錄影帶版。 一對一閱讀。	換個方式重述問題。 示範好答案。 可以在家閱讀的補充書籍。	* 任何教師認為適合的選擇，建議書籍包括： • _Windows_ • _The Royal Bee_ by Frances Park and Ginger Park • _Cracking the Wall: The Struggles of the Little Rock Nine_ by Eileen Lucas and Mark Anthony

（續下表）

建議的 時間表	建議的學習經驗 （教師可以……）	評量 〔建議以及必須（**）〕	差異化教學 （支持與延伸）	資源
	學生定期進行團體聚會討論焦點問題：兩兩夥伴、小組、拼圖式、金魚缸、全班。 指導學生商業書信的書寫格式。 決定對象（微課程）。 重新檢視／增加第一週產出的議題調查表以作為錨形圖（anchor chart）。		特教教師／教師晤談規劃小說閱讀。 分級的參考書籍。	教師與媒體專家運用學生腦力激盪出的興趣列表，共同準備網路資源資料庫。 社論（範文）
週次 **5-6**	示範：全班為了_____寫信給學生會。			
週次 **7-8**	讓學生透過腦力激盪找出世界上的社會行動議題。 閱讀各種文本以顯示蒐集資料如何可以用來支持特定的議題。EU#1、#5 示範如何運用T字表陳列某一個特定議題的正反意見。EU#4 介紹三種說服性寫作的模式：都是單方面（較低）、單	資料組織圖／T字表（T-chart）可用於研究資料蒐集。** 全班／小組討論。 說服性文章的資料組織圖。** 學生將會完成草稿。** 藉由信件的說服性寫作。 同儕編輯。	示範好答案。 換個方式重述問題。 提供網址，以利學生進行研究，並搜尋支持論點所需的資料與訊息。 用「Universal reader」（譯按：這是一個微軟提供的全球新聞應用程式，可供免費	用過去學生的作品作為示範。 六要素寫作法參考／評量規準。 對教師的提醒：這個任務的目的是評量通則#2 和#5：通則2——文本中的觀點可能引發激烈的討論，促使團體採取行動進而導致澈底的改變。通則5——作者依據目的與對閱聽眾的瞭解創作並選擇說服性論點格式。

（續下表）

建議的 時間表	建議的學習經驗 （教師可以……）	評量 〔建議以及必須（＊＊）〕	差異化教學 （支持與延伸）	資源
	方面持反對意見（基本）與雙方面（較高）。EU#2、#3、#5 示範如何研究一個關注／有興趣的議題，包含如何引用研究以及如何摘要非小說內容。EU#4 教導說服性信件的要素。EU#2、#3、#5、#6 視需要進行各種師生晤談。 複習六要素寫作法評量表。 提醒學生互為編輯者的角色以及正向、建設性批評的重要性。 讓學生對小組、夥伴或全班發表他們的最終版本。	說服性寫作最終作品。＊＊	訂閱特定新聞或進行搜尋）找尋文本：演說輔助。 學生選擇論述寫作的主題與風格形式。 運用資料組織圖：網絡圖、流程圖等。 教師協助學生藉由聽寫進行筆記記錄。 說服性寫作評量列表，包括六要素寫作法，以及三種模式：單方面同意（較低）、單方面持反對意見（基本）以及雙方面（較高） 信件格式。	*Olivia's Birds* by Olivia Bouler

註：EU 指 Enduring Understanding，是通則的另一種說法。

我們如何可能改變世界？
社會行動單元的實作任務
信件

什麼：學生將調查一個議題或自己關注的事件，並撰寫一封說服信以說服他人這件事的重要性……

為什麼：……為了瞭解作者依據目的與對閱聽眾的瞭解創作並選擇文本格式。此外，藉由社會行動，人們可能感動他人以成就社會的急迫需要。

如何做：
背景：你已經知道採取立場的意義，以及總結重要事實與他人意見來支持說服性論點的重要性。你已經習得說服性寫作的格式、練習過用 T 字表列出議題的正反意見，並分析過聲音如何傳達作者的立場。現在你要整合這些技能，針對你非常關心的議題或憂慮，撰寫一篇說服性作品。

任務：寫一封說服性信件給地方報社。在你的信件中提出爭議性問題，以激發閱聽眾激烈討論並引發對社會行動的渴望。

閱聽眾：地方報紙的讀者以及那些可能會支持你的理由的人們。

程序：
1. 研究你的社會行動主題。
2. 辨識正反意見列入 T 字表。
3. 形成你的意見。
4. 辨識你的閱聽眾。
5. 寫下簡短摘要，包含你將用來發展意見的相關資訊。
6. 完成資料組織圖，為你的草稿做準備。
7. 撰寫信件或社論的草稿。
8. 編輯。
9. 修改。
10. 覆核事實和意見，確定兩者都具備有力的論點。
11. 最後修改。
12. 自評你的作品。
13. 書面解釋你如何運用特定文字與事實、格式選擇等，讓讀者產生強烈的反應（技法報告）。

寫作的規準

姓名：　　　　　節數：　　　　　教師：　　　　　日期：

單元結束任務寫作作業：我們如何可能改變世界？說服性信件

*在任一範疇的表現超越作業期待，將獲得的分數為 4.5＝100。

	4 符合作業期待——表現優異 4＝95*	3 符合作業期待——令人滿意 3＝85	2 接近作業期待——發展理解中 2＝75	1 未達作業期待——未展現理解 1＝65
想法	● 主要想法、主旨和故事線有見地與深度。 ● 清楚、聚焦且具說服力。 ● 吸引閱聽眾的豐富細節。 想法： ● 立場陳述清楚。 ● 包含相關事實足以說服讀者。 ● 接受對立論點以強化作者的立場。	● 有力的主要想法、主旨或故事線。 ● 全文清楚而聚焦。 ● 細節支持主要想法。	● 看得出主要想法、主旨和故事線。 ● 讀者無法全部看懂。 ● 部分詳盡的細節，於概括描述中。	● 主要想法令人存疑。 ● 模糊、雜亂無章而令人困惑。 ● 缺乏細節。
組織	● 類似地圖的引導結構。 ● 多樣而妥適的運用轉折詞／細緻雕琢而吸引人的開頭／線索（lead）。 ● 激發思考的「進一步」／「所以呢……會怎樣？」 組織： ● 策略性的呈現大部分說服性理由。 ● 結論讓讀者想要採取行動。	● 井然有序的結構。 ● 目的明確的運用轉折詞／有效的吸引人的開頭／適切的「進一步」／「所以呢……會怎樣？」	● 結構不清楚。 ● 轉折詞運用不一致。 ● 基本的吸引人的開頭／線索，以及結論。	● 結構不清楚。 ● 鮮少或幾乎沒有運用過轉折詞。 ● 薄弱或欠缺吸引人的開頭／線索，也沒有結論。

（續下表）

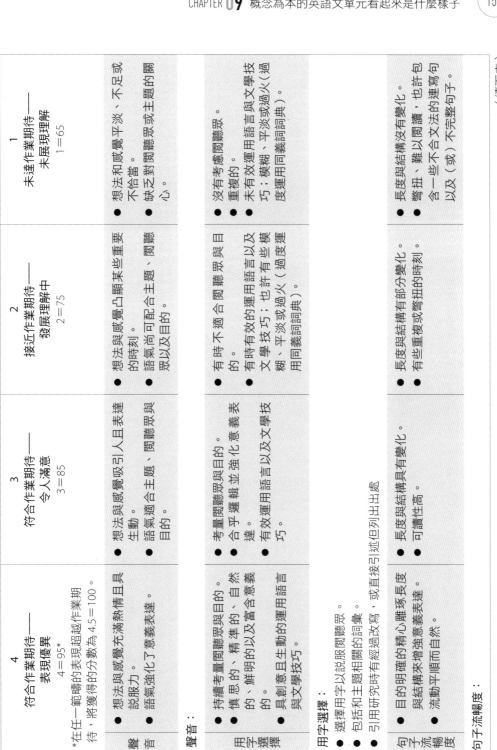

	4 符合作業期待——表現優異 4＝95*	3 符合作業期待——令人滿意 3＝85	2 接近作業期待——發展理解中 2＝75	1 未達作業期待——未展現理解 1＝65
聲音	● 想法與感覺充滿熱情且具說服力。 ● 語氣強化了意義表達。	● 想法與感覺吸引人且表達生動。 ● 語氣適合主題、閱聽眾與目的。	● 想法與感覺凸顯某些重要的時刻。 ● 語氣尚可配合主題、閱聽眾以及目的。	● 想法和感覺平淡、不足或不恰當。 ● 缺乏對閱聽眾或主題的關心。
聲音	● 持續考量閱聽眾與目的。 ● 慎思熟慮的、精準的、自然的、鮮明的以及富含意義的。 ● 具創意且生動的運用語言與文學技巧。	● 考量閱聽眾與目的。 ● 合乎邏輯並強化意義表達。 ● 有效運用語言以及文學技巧。	● 有時不適合閱聽眾與目的。 ● 有時有效的運用語言以及文學技巧；也許有些模糊、平淡或過火（過度運用同義詞典）。	● 沒有考慮閱聽眾。 ● 重複的。 ● 未有效運用語言與文學技巧；模糊、平淡或過火（過度運用同義詞典）。
句子流暢度	● 目的明確的精心雕琢長度與結構來增強意義表達。 ● 流動平順而自然。	● 長度與結構具有變化。 ● 可讀性高。	● 長度與結構有部分變化。 ● 有些重複或歪扭或彎扭的時刻。	● 長度與結構沒有變化。 ● 彎扭、難以閱讀，也許包含一些不合文法的連寫句以及（或）不完整句子。

*在任一範疇的表現超越作業期待，將獲得的分數為100。

用字選擇：
● 選擇用字以說服閱聽眾。
● 包括和主題相關的詞彙。
● 引用研究時有經過改寫，或直接引述但列出出處。

句子流暢度：

（續下表）

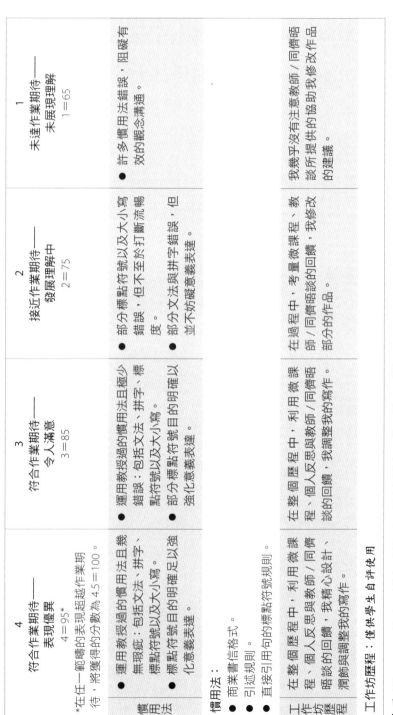

4 符合作業期待—— 表現優異 4＝95* *在任一範疇的表現超越作業期待，將獲得的分數為 4.5＝100。	3 符合作業期待—— 令人滿意 3＝85	2 接近作業期待—— 發展理解中 2＝75	1 未達作業期待—— 未展現理解 1＝65
慣用法	● 運用教授過的慣用法且幾無瑕疵：包括文法、拼字、標點符號以及大小寫。 ● 標點符號目的明確足以強化意義表達。	● 運用教授過的慣用法且極少錯誤：包括文法、拼字、標點符號以及大小寫。 ● 部分標點符號目的明確以強化意義表達。	● 部分標點符號以及大小寫錯誤，但不至於打斷流暢度。 ● 部分文法與拼字錯誤，但並不妨礙意義表達。	● 許多慣用法錯誤，阻礙有效的觀念溝通。
慣用法： ● 商業書信格式。 ● 引述規則。 ● 直接引用句的標點符號規則。			
工作坊歷程	在整個歷程中，利用微課程、個人反思與教師／同儕晤談的回饋，我精心設計、潤飾與調整我的寫作。	在整個歷程中，利用微課程、個人反思與教師／同儕晤談的回饋，我調整我的寫作。	在過程中，考量微課程、同儕晤談的回饋，教師／同儕晤談的回饋，我修改部分的作品。	我幾乎沒有注意教師／同儕晤談所提供的協助我修改作品的建議。

工作坊歷程：僅供學生自評使用

來源：Pomperaug Regional School District 15, Middlebury/Southbury, CT

　　六年級的學生非常熱衷於這個單元，他們學習到他人如何嘗試讓世界變成一個更美好的地方，並找到他們表達立場的依據。我在教室來回走動進行這個單元時，學生的動機、思考與專注度都非常高昂，他們幾乎沒有注意到教室中有訪客。仔細聆聽學生的對話，你會聽見激辯中的概念與理解；觀察他們的學習狀況，你會看見他們正在學習的技能與歷程已經應用在相關且由學生自己主導的脈絡中。這些課堂中的教師已經創造一個「教育就應該是這樣」的學習環境。你會注意到許多建議的學習經驗正在處理多重的單元通則（這些教師採用的專業用語是**持久理解**）。這種絕佳的教學方式，充分利用不同英語文歷程之間的互惠性。這個單元也在工作坊的架構下執行，因此在學生對話、文本選擇及任務協作之外，有許多進行全班、小組以及個別教學的機會。撰寫單元終點評量的特殊筆記——這些學生在任務最後的「寫作技法報告」，迫使他們返回或反思在寫作時做的選擇，並透過解釋讓他們的思考變得可見；這樣可以確保這個任務不會省略通則的評量。我們經常落入第八章討論的「困境」——評量設計幾乎無法確保我們在指派的作業中，評量學生是否表現出對「什麼」與「為什麼」的概念性**理解**。

高中英語文單元範例

　　最後，我們進展到高中的單元範例。表 9.3 的範例來自康乃狄克州紐頓市的紐頓高中。鑒於今日世界鉅量的訊息與假訊息，類似單元的重要性絕非高估。

　　誰不會對被操弄的想法做出回應？當學生正在學習單元中一些重要概念與歷程時，設計這個單元的教師運用了概念性的想法挑起學生的興趣，引導問題交叉運用不同提問種類，緊緊扣合通則，逐步引導學生的思考趨向通則。主要技能顯示出在單元結束時，期待學生要精熟的各州共同核心標準。你會注意到許多關鍵內容和通則也支持並彰顯相關標準的重要性。這群教師在英語文學科辦公室定期會面，因而可以協力規劃教學，以確保在單元結束前，教學單元已經處理完所有的單元通則、關鍵內容以及主要技能。

表 9.3｜高中階段的概念為本英語文單元範例

K-12 英語文課程
九年級

標題：追尋真相之源

年級：九

單元標題：追尋真相之源
概念透鏡：偏見／真相

瞭解文本：
- 事實與看法（perception）的對比
- 個人偏見／人們的動機
- 說服技巧
- 用字選擇
- 態度、信念與價值
- 文化、時間與社會脈絡
- 語言
- 操弄

反應文本：
- 個人偏見
- 他人的反應
- 視覺修辭（visual rhetoric）的影響
- 個人反思

單元標題：

追尋真相之源

生成文本：
- 最佳行動過程
- 對非事實／歪曲事實的反應
- 說服性論述
- 視覺修辭
- 有研究基礎的產出
- 修改歷程
- 書寫慣用法
- 閱聽眾

評析文本：
- 來源的可信度
- 作者的偏見
- 媒體技巧的分析
- 說服技巧的有效性

年級：九

單元標題：追尋真相之源

概念透鏡：偏見／真相

單元概述（吸引學生投入的單元內容摘要介紹）：

我們怎麼知道誰可以相信？是什麼使某個文本比另一個文本更值得相信？什麼時候說服的工具會成為操弄的工具？在這個單元我們要探究的想法是：所有文本都試圖透過不同的技巧操弄我們。如果越能覺知這些技巧，我們就越不容易受到操弄，並且更善於藉由文字或圖像來運用那些技巧以操弄他人。

本單元處理的共同核心標準：

本單元涵蓋的各州共同核心標準列示於主要技能中。

年級：九

單元標題：追尋真相之源

通則	引導問題 （F＝事實性；C＝概念性；P＝激發性）
1. 作者刻意操弄文本的構成要素以控制閱聽眾。	1a. 為什麼作者想要操弄讀者的認知？（P） 1b. 讀者如何防範自己被操弄？（C） 1c. 作者在 _____ 文本運用了哪些說服技巧？（F） 1d. 作者的偏見如何影響意義？（C） 1e. 可信和不可信的資料來源的差別是什麼？（F） 1f. 人們如何評估資料來源的相關性與可信度？（F） 1g. 為何作者操弄寫作的慣用法？（P）
2. 社會脈絡與權威的聲音經常散布偏見。	2a. 偏見的定義是什麼？（F） 2b. 對一個主題的想法如何隨著時間改變？（C） 2c. 社會中的多數如何導致偏見？（C） 2d. 是什麼讓某人成為權威？（C）
3. 媒體暗示有效的說服技巧。	3a. 說服的定義是什麼？（F） 3b. 說服的技巧有哪些？（F） 3c. 說服技巧如何落實在不同的媒體中？（C） 3d. 什麼是論證的有效結構？（F）
4. 對話使得參與者能深化並修正原始想法。	4a. 對話在說服中扮演什麼角色？（F） 4b. 為何有必要修正想法？（C） 4c. 討論的事前準備對團體的其他人有什麼影響？（F） 4d. 場景、時程以及個人行為如何在和同儕的專業討論中抑制或增強經驗？（C）
5. 作者透過合乎倫理的選擇展現可信度。	5a. 什麼是合乎倫理的選擇？（F） 5b. 作者的選擇對他（她）的可信度有什麼影響？（C） 5c. 運用不可靠的聲音／來源，這合乎公平／倫理嗎？（P）
6. 深度的文本分析可能揭露讀者與作者的偏見。	6a. 個人偏見如何控制反應？（C） 6b. 個人如何產生自覺？（C） 6c. 個人偏見如何影響我們的理解與選擇？（C） 6d. 為何個人應該關心作者的偏見？（C） 6e. 讀者或作者，哪一方在處理偏見上的責任比較大？（P）

（續下表）

通則	引導問題 （F＝事實性；C＝概念性；P＝激發性）
7. 遵守寫作與演說慣用法等修改歷程會強化訊息。	7a. 為什麼修改很重要？（C） 7b. 尋求讀者的回應如何幫助改善寫作？（C） 7c. 總是會有修改的需求嗎？（P）
8. 調和先前觀點與新觀點以增進個人的理解。	8a. 提出新的洞見會犧牲什麼？（P） 8b. 先前的觀點如何可能抑制我們瞭解新事物？（C） 8c. 有限的背景如何使誤解持續且製造更大的操弄空間？（C）

關鍵內容與主要技能

關鍵內容 學生會知道什麼	主要技能 學生將能夠做什麼
瞭解文本： 偏見是什麼？偏見如何影響讀者 說服的技巧：證言法（testimonial）、樂隊花車法（bandwagon）、統計（statistical）、平民法（plain folks）、既定觀點詞語（loaded words）、誘導轉向法（bait and switch）、粉飾法（glittering generalities）、幽默法（humor） 內涵意義（connotation）與字面意義（denotation）的不同，以及作者如何藉由用字選擇來形塑訊息 影響意義的透鏡（態度、信念、價值、文化、時間以及社會脈絡） 推論的角色	**瞭解文本：** RI.9-10.2 決定文本的中心想法並分析中心想法在文本中的發展，包含如何萌生、如何用特定細節形塑並精煉中心想法。 RI.9-10.4 依據字與詞在文本中的使用方式確定其意義，包含象徵性、內涵性以及技術性意義；分析特定用字選擇對意義以及語氣產生的累積性影響（例如：法院意見的語言和報紙的語言如何不同）。
反應文本： 反應文本的策略（便利貼、觀看日誌等等） 視覺修辭 個人偏見	**反應文本：** W.9-10.2 反應精確語言以及領域特定的字詞，以掌握主題的複雜性。 W(HST).9-10.2.a. 在輔助理解時，運用格式（例如標題）、圖形（例如數據表以及圖例），以及多媒體等，介紹主題並組織想法、概念及資訊，以建立重要的連結及區別。 W.9-10.1.c 運用字詞、片語以及子句，連結文本中的主要章節、創造銜接（cohesion），釐清主張和理由、理由和證據、主張和反訴（counterclaim）之間的關係。

（續下表）

關鍵內容 學生會知道什麼	主要技能 學生將能夠做什麼
評析文本： 怎樣才是有效的來源 說服性技巧如何影響目的之有效性 組織的策略 視角 修辭：人格訴求（ethos）、情感訴求（pathos）、邏輯訴求（logos）、用字選擇、語法（syntax）、句子變化、組織	**評析文本：** RI.9-10.3 分析作者如何展開解析或一系列的想法或事件，包括呈現觀點的順序、如何介紹與發展觀點以及觀點之間的關聯。 RI.9-10.2 決定文本的中心想法並分析中心想法在文本中的發展，包括如何萌生以及藉由特定的細節形塑與精煉，以提供文本的客觀性摘要。 RI.9-10.5 仔細分析作者的想法或主張如何藉由特定的句子、段落或文本更大的部分（例如章節）發展或精煉。 RI.9-10.6 決定作者在文本中的視角或目的，並分析作者如何運用修辭去發展他的視角或目的。 RI.9-10.7 分析不同媒材中對同一主題的各種說明（例如同時以印刷品或多媒體呈現的個人生命故事），確定各種說明方式中各自強調哪些細節。 RL.9-10.6 分析文學作品中反映的特殊視角或文化經驗。
生成文本： 寫作／修改歷程中的各個階段 修辭如何建立合乎邏輯的論點 達成既定目標最有效的組織模式 主張與反訴的意義 就支持與發展主張而言，什麼是攸關而充分的證據	**生成文本：** RI.9-10.1 引用強大且周全的文本證據，支持對文本的分析，包括其中明白陳述了什麼以及得到什麼推論。 RI.9-10.8 解釋與評估文本中的論點與特定主張，評估推理是否有效、證據是否相關與充分；指認錯誤的陳述以及謬誤的推論。 RI.9-10.2 決定文本的中心想法並分析中心想法在文本中的發展，包括如何萌生、如何用特定的細節形塑與精煉中心想法；提供文本的客觀性摘要。 RL.9-10.7 以兩種不同的藝術媒介形式分析主題或主要場景的呈現方式，包括每次處理中強調了什麼或什麼沒有出現（例如：Auden 的〈Musée des Beaux Arts〉以及 Breughel 的〈Landscape with the Fall of Icarus〉） W.9-10.1 在重要主題或文本的分析中，運用有效的推理以及相關且充分的證據，寫下論點來支持主張。 ● 介紹精確的主張、區分出替代性或反對的主張，創造建立主張、反訴、理由和證據間清楚關係的組織 ● 根據預期中閱聽眾的知識層次以及關注焦點，公正的發展主張及反訴，提出證據以支持主張及反訴的優勢及限制。 ● 依循並支持之前呈現的論點，提供結論性的陳述或章節。 W.9-10.4 產出清楚而連貫的寫作。文章的發展、組織以及風格契合任務、目的以及閱聽眾。 W.9-10.5 適時藉由規劃、修改、編輯、重寫或嘗試新方法等形成並強化寫作，聚焦於處理對特定目的或閱聽眾最重要的部分。

終點實作任務

什麼？學生將調查偏見如何影響真相……

為何？……為了瞭解作者刻意操弄文本的構成要素來控制閱聽眾。

如何做？

重讀我們檢視過的可作為說服範例的文本。

評估那些作品中說服技巧的有效性。

綜整作者用來控制閱聽眾的策略，運用這些技巧創作屬於你自己的原創性說服作品。

以書面方式分析你如何在自己的作品中運用特定策略，以及你預期它們會對閱聽眾產生什麼影響。

作者：Kathy Swift, Cathy Sosnowski, and Abigail Marks, Newtown High School

來源：Newtown Public School, Newtown, CT

總結

我們知道教師示範對加速學生學習的重要性（Lanning, 2009），而特定、具體的範例在學習與理解中也扮演築下根基的重要角色。舉例來說，本書第二章介紹英語文概念為本的課程時，藉由描繪最終結果——實施概念為本的課堂風貌——以彰顯概念為本課程設計在實務中努力達到的典範。在隨後章節中，具備概念為本英語文單元個別元素的各種實例穿插其間作為示範。藉由研討實例獲得豐厚學習的原因很多，首先，實例成為促進思考的起點，幫助我們確認自己的課程設計正確與否，並協助我們緩解在吸收新知識時伴隨而來的認知負荷。

當教育工作者願意分享他們的成果，我們的專業社群因而強大。分享並非那麼容易！如果我們的作品要被公開、檢視或作為範例，我們都會擔心我們的作品必須「完美」。但完美這件事和撰寫課程扯不上關係，無論我們審視或編輯改寫多少次課程，都不會有「完成」的一天。那些在設計階段結束時我們覺得「漂亮」的課程，當重新審視時，卻常讓我們驚呼：「我們之前在想什麼？」「我們怎麼會漏掉這個？」

這些都是課程撰寫這個雜亂而繁瑣過程中的部分情形，所以我讚賞並由衷感謝那些挺身而出，自願提供單元範例的專業教師，因為他們對概念為本英語文課程的新手教師提供了莫大的幫助。在發展個人專業時，「練習」扮演重大的角色，但有「範例」支持深層的理解，則有助於增進整體概念為本撰寫歷程的品質。對所有甘冒風險、踏上創造課堂「思考文化」追尋之路的教師，我讚揚你們的冒險精神。我鼓勵你們和他人分享你們的作品，並透過反思與協作，持續精進你們的技法。

CHAPTER

10

現場心聲

　　教育工作者面對許多課程選擇。是否採用概念為本的設計來幫助學生達到英語文各州共同核心標準或其他標準，這個決定應該是所有參與課程修改或更新歷程的利害關係人共同考慮的問題。我相信如果執行得宜，概念為本的課程與教學終將標示出前進的路徑，可以促進高成效的學生學習表現，並增加教師的專業滿意度。體驗過概念為本英語文課程撰寫與實施歷程的教師，用他們的心聲為本書提供最適切的結語。在本章中，我們將看到下過苦功的教育局長、校長、英文科總召集人、八年級教師和小學英文顧問現身說法。

　　我們以康乃狄克州諾海文公立學校學區的教育局長羅伯特‧克若寧（Robert Cronin），以及該學區中的瑪麗‧費德希科（Mary Federico）校長的協力反思開始。克若寧教育局長是真心將課程與教學視為核心價值的領導者；瑪麗則是來自芒都易斯（Montowese）小學的模範校長，她和學區的讀寫素養領導教師合作無間的共同設計概念為本課程。我請他們兩位反思為什麼他們學區願意投入撰寫概念為本的英語文課程。以下是他們的說法：

　　我們學區致力於不斷提升全體學生的學習成就。我們已經採用一些重要方法來進行這項任務。我們體認到年級之間的連貫性很重要，因此希望特別針對 K-12 體系設計一套課程。為使結果真實有效，必須避免各自為政（silos of practice），因此概念為本的課程最符合我們的哲學。

　　學區的行政委員會花了五個月的時間閱讀並討論《學習原理：心智、經驗與學校》（*How People Learn*）一書。概念為本課程的理念，把我們在這本書中讀過、討論過的許多理念變得具體可以運作。概念為本提供聚焦於教學與學習的一套方法，我們因而有信心在每個學習單元以及日常課堂中處理課綱中日漸增加、各年級所有學生應該知道並會做的條目。

　　當我們開始發展 K-5 的語文新課程時，來自學區內四所小學、國中與高中的十位讀寫素養領導教師，一同進行了四個全天的專業成長，以協助教師們對概念為本的課程哲學建立共通理解。經過這四天的研習，我們的團隊凝聚力變得更強，並且開始接納這些概念。這是我們在團隊裡培養領導技巧的開端 —— 教師們認真的開始認同自己是學區「讀寫素養領導教師」，而不只是閱讀教師。研習後，這些參與教師辦理團體聚會，開始策劃如何在每個年級透過增能而「認同」（buy in）。他們謹慎的從每所學校挑選涵蓋幼兒園到五年級的學科教師，入選的教師參與兩個全天的研習，由「讀寫素養領導教師」全程引導概念為本課程的學習。計畫是要讓這些教師每個月聚會一整天，在共同的模板中運用他們從概念為本中學到的概念來撰寫各年級的學習單元。

　　這套語文課程藉由讀者工作坊模式以扣合英語文各州共同核心標準，學區的小學教師對擁有這樣一套課程來引導教學感到非常興奮。我們希望教師們看到，設計全面性的英語文課

> 我們希望教師們看到，設計全面性的英語文課程要花時間。這種課程撰寫模式，對我們的同仁來說是個重大的觀念轉變。

程要花時間。這種課程撰寫模式，對我們的同仁來説是個重大的觀念轉變。我們小心的草擬推動計畫，包括重要的里程碑以及建議的時程。我們第一年的目標是為 K-5 的每個年級寫一個課程單元。下一年，每個年級將試行這個課程單元，同時學區會提供所有教師有關概念為本課程哲學的專業成長，包括如何將讀者工作坊模式融入教室實作，以及如何有效的教寫作。在試行的這一年，我們將會進行課程的調整與修改，以促成概念的深層理解，並確保教師在實施語文學習單元時得到適當的協助。

　　我是被挑選出來和這群教師一同工作的小學校長。我相信我們在正確的方向上，推動本學區創造出改善學生表現並培養批判性思辨能力的課程文件。我對這項工作感到非常樂觀，特別是當我觀察到教師接納這套課程撰寫方法時。

　　我們相信概念為本的課程讓我們對學生懷抱無限期待。相信它不只讓學生更深入的檢視概念與想法，我們也相信這正是我們所需、最能夠提供學生在校內或校外成功的 21 世紀必要技能。概念為本的課程以我們所學為基礎，將有助於達成我們所追求的更佳學生成就。

　　下一則反思來自凱西・索斯諾斯基（Cathy Sosnowski）。她是康乃狄克州紐頓市的紐頓高中英文科總召集人。第一次遇見凱西時，我立即知道她是一位具備深厚課程撰寫背景的概念思考者。她明顯展露出學科領域的專業與隨時全力以赴的心態。她對於英語文概念為本課程的簡要概述足以說明一切。

　　每天研習結束開車回家時，我會思考概念為本的學習並且考量它如何和我對課程的瞭解接軌。過去類似的課程設計模式也很好，因為我的學生可以專注在核心問題上，但是它常常讓我陷入不知如何處理技能與概念的狀態中。身為一個年輕教師，我很慚愧的承認我並沒有處理這個部分；我們都籠統帶過而欠缺細節。我的學生能夠思考：他們缺乏紮實的技能，但是他們會思考。

　　如同其他作者的概述，我嚴謹的依照課綱，但朝向不同的方向。我清楚說明了概念與技能，同時也能夠進行評量；這些概念與技能是我的課程焦點。以長期觀點來思考，糾結於核心問題的結果是迷失於自己產出的資料中。我的學生在我們所重視的技巧上獲得顯著進步，但他們的反思與佐證思考能力卻沒有那麼強。

　　如同學術上「恰到好處」的追求者（Goldilocks，譯按：指西方傳統故事中，苛求事物恰到好處的金髮姑娘，引申為「恰到好處」之意），我的課程設計從過於寬鬆到過於狹隘。運用概

> 如同學術上「恰到好處」的追求者，我的課程設計從過於寬鬆到過於狹隘。運用概念為本課程，我可能已經找到「恰到好處」的有效位置。

念為本課程，我可能已經找到「恰到好處」的有效位置：讓我教得更深入，以核心通則為中心促進批判思考與獨立思考能力，同時提醒我運用特定歷程及技能以建構達到通則的路徑。

　　英語文不是像數學和科學等具有連續順序的學科；聽、說、讀、寫以及語言學習可以同時發生，這是英語文課程本質中迥異於其他科目的特殊面向。這個特質的確使決定起始點成為我設計課程單元的障礙。但藉由考慮需要處理什麼技能及概念（參考各州共同核心標準），它也有助我將概念為本英語文課程的威力發揮到極致。

瑪麗‧布萊爾（Mary Blair）同樣是紐頓公立學校的小學語文諮詢教師，她分享了以下概念為本課程的撰寫經驗。瑪麗是我遇過最勤奮且思慮周延的教師之一。她的故事提供了真誠的內省，讓我們看見是什麼因素讓她離開熟悉的舒適圈，轉而考慮伴隨新做法而來的可能性：

那是為期三天的專業成長的第一天，當我步入四周環繞著概念為本英語文學習單元的會場時，完全不知道接下來要做什麼。我聽說過學習單元（units of study），但立刻聯想到學科知識內容的學習，而不是語文。當我和我們小學語文諮詢教師夥伴以及學區同事坐下打開電腦時，我很快的知道我即將開始參與前所未有、但最具啟發性與挑戰性的課程方案。

傳統上，我們在紐頓市根據康乃狄克州課綱標準製作課程地圖，其中包括年度中每個月的教學範圍以及順序。每間小學可以自由採用任何適合的方式處理這些標準和目標，自主選用任何作者、文本及資源。學區內四所學校的選擇有許多重疊的部分但又不盡相同。以概念為本的方式構思課程則截然不同，概念為本可以帶來更多知識的深度，並確保閱讀和寫作之間的連結。

近來我們正在推動四所小學間課程的整合，在此時導入概念為本單元真是再恰當不過。此外，各州共同核心標準也提供學區翻新、增加以及重新組織課程的機會，在這個時間點上，這些因素同時出現猶如天賜良機。

剖析各校既有的課程單元，是幫助我們選定單元標題的方法之一。有了這些資訊之後，我們可以容易的辨識出各校重複與缺漏的部分，進而創造出適於進行

> 剖析各校既有的課程單元，是幫助我們選定單元標題的方法之一。

概念為本並具備系統連貫性的學區課程單元地圖初稿。但考慮各單元的概念透鏡又完全是另一回事。即使幾個月之後，我們還會改變我們的透鏡、甚至單元標題，但是單元本身則維持不變。我們也和國中與高中教師對話，以確保逐年建構課程單元。我們都需要支持彼此，以確保我們的學生在離開高中時，已經具備了勝任今日世界快速節奏所需的技能。

在初期階段，學習概念、通則、焦點問題與概念透鏡的負擔沉重。運用三維度方式思考課程，我們必須考慮希望學生學到的知識與複雜歷程，並能夠在不同的情境與學科之間進行遷移。而概念為本單元的設計格式也很不一樣，這些格式更加細緻而簡明扼要。但是，即使對新進教師來說，這些單元都容易看懂也易於進行教學，因為所有的課程期待以及學習資源都在這個單元設計格式裡。

> 即使對新進教師來說，這些單元都容易看懂也易於進行教學，因為所有的課程期待以及學習資源都在這個單元設計格式裡。

此外，我們在撰寫通則與焦點問題時備感艱辛。這些陳述與問句的文字必須精準！我們經常必須重寫好幾次。這是撰寫單元時最花時間的部分，但也是在專業對話方面收穫最多的部分。我們希望確保通則夠嚴謹，而焦點問題能夠引導學生走向我們希望他們學習的目標。

也許我們現在面對的最大挑戰，是找到時間完成所有單元、培訓其他教師，並且最終可以完成推展計畫。我們的計畫是由小學語文諮詢教師完成課程單元的大部分設計，然後讓其他教師加入完成教學單元計畫。我們還沒找出時間繼續我們在五天專業成長中啟動的工作，我們下定決心不讓這項重要的任務半途而廢。我們已經投入太多的時間與精力，我期待繼續努力以提升學生知識乃至教師專業知識的思考層次。

接下來是黛博拉‧舒茲（Deborah Schultz）的想法。她第一次接觸到概念為本課程時還是國中八年級的英語文教師，她現在已經是學校的助理校長，並持續支持概念為本的課程與教學。黛博拉擁有獨特的觀點；你可以「聽見」她一開始時的掙扎——身為一位長期以來因學生表現優異而聲譽卓著的教師，她不相信概念為本的課程可以在英語文課堂運作；但隨著理解加深，她已經澈底改觀。

第一次接觸到概念為本的課程與教學，是因為琳恩‧艾瑞克森來到第15學區帶領為期兩天的開學專業成長活動。那時我是若鄉波（Rochambeau）國中的語文召集人（coordinator），也負責七年級和八年級的英文教學。

對於歷史和自然這些學科，概念以及運用這種新的課程撰寫型態很容易搞懂，但我卻很難「理解與接受」（wrapping my brain around it）如何將之運用於英語文課程。因為覺得自己很笨拙（但明知我不笨），我要求校長讓我參加其他研習。於是她（科技教育教師）和我一起出差到波士頓參加另一場琳恩主持的工作坊，但我還是無法將之「運用」在英語文學科。

我得到了一個結論：因為其他科目教的是可辨識的「名詞」——系統、有機體、循環、環境、地球、運輸、文明、經濟、地理、政府，但是英語文教師教的是「動詞」——閱讀和寫作。每當我們試圖寫下英文的概念時，結果總是聚焦在閱讀與寫作的技能。

另一個我們面對的困境，是我們在整個英語文課程中教「書本」或核心小說這個事實。

七年級上《黑鳥湖畔的女巫》（*The Witch of Blackbird Pond*）、《我的兄弟山姆死了》（*My Brother Sam Is Dead*）、《小教父》（*The Outsiders*）以及《至高王》（*The High King*）。

八年級上《夜》（*Night*）、《競逐者》（*The Contender*）、《梅崗城故事》（*To Kill a Mockingbird*）以及《希臘神話中的英雄、眾神與怪獸》（*Heroes, Gods and Monsters of the Greek Myths*）。

除了閱讀與寫作（詮釋、分析、評論等）的技能（動詞）外，其中沒有可以從這本小說遷移到另一本小說的連結概念——那些不受時間限制、普世性的構念。而終點實作任務之間（經常——但非全然——是寫作任務）也沒有關聯。

大約兩年後，蓋伊・艾維（Gay Ivey）來我們學區帶了一天有關學生閱讀選擇的專業成長。聽完她的演講後，我體認到顧及學生興趣與閱讀程度、放棄教所有學生閱讀一本核心小說這種標準作法的重要性。這也打開我的視野、擴展我的想法，引導我重新思考概念為本課程是否可以在英語文課程中操作。

我在七年級的英語文課進行我的首次嘗試，讓學生自己選擇閱讀文本。我獨自進行了實驗。考慮到《黑鳥湖畔的女巫》和《我的兄弟山姆死了》這兩本核心小說是搭配七年級歷史課（早期殖民生活以及美國革命）選讀的平行課程，我決定繼續搭配歷史課的主旨，要求學生閱讀的焦點必須是美國內戰，這是七年級學年結束前歷史課會進行的主題。我和鎮上的公立圖書館協調合作，他們借給我館內所有和美國內戰有關的書籍（適合七年級學生程度），總數超過一百本。學生可以在全部瀏覽之後，選擇一本自己有興趣的書。

在進入教學之後，我陷入能力不及的困境。我有一百個學生，每個學生閱讀有關內戰這個主題的不同書籍。而我沒有讀過其中任何一本，我完全不熟悉這些書，所以沒辦法針對書本內容提出教師會提出的典型問題。此外，我請圖書館員提供**所有**的書（因為我有一百個學生，我需要這麼多數量），這代表有些學生閱讀小說，但是大部分學生閱讀的是非小說。

不只因為學區全面邁向概念為本的課程設計，更因為我引入學生選擇導致的處境，迫使我開始進行概念性的教學。我主導的教師提問必須具有普遍性：作者寫這本書的目的是什麼？作為一個讀者，你接收了什麼樣的訊息？你的閱讀中什麼最有趣？什麼讓你覺得恐懼？你可以和夥伴討論哪些相似點／對比內容？

我最怕的是，萬一校長走進我的教室觀課，然後發現我完全喪失對課堂的掌控！雖然我會給出一些方向和指引，但是大部

> 我最怕的是，萬一校長走進我的教室觀課，然後發現我完全喪失對課堂的掌控！

分的討論由學生主導。這個實驗結束時，我感覺空前的如釋重負——因為我可以回歸全面掌控教室的模式了。我發下規定的學生問卷調查，然後等待重擊降臨。學生一定注意到我顯得毫無準備而不知所措！

因此，我看到學生的回應時大吃一驚：「這是有史以來**最棒**的單元！」「我**超愛**可以選擇自己讀的書！」「我們可以多用這種方式上課嗎？」「這會是我們八年級的上課方式嗎？……我希望是欸！」一個接一個類似的回應。

我怎麼可能不繼續提供這樣的機會給他們呢？我該怎麼做，才能增加學生的文本選擇並支持更加概念導向的學習？

因為我也教八年級，於是我把目光轉移到這個方向。多年來，每位八年級學生都有讀艾里‧魏賽歐（Elie Wiesel）的回憶錄《夜》，這是一本精采且深深觸動人心的書，但不是唯一一本大屠殺倖存者的回憶錄。這本書同時也和歷史課程以及八年級學生參訪華盛頓特區大屠殺紀念館的校外教學相互呼應；閱讀完這本書的終點寫作任務是一篇小論文。我贊成這個實作任務，因為這是學生第一次嘗試這種類型的寫作，也是學生為上高中做準備所需的「第一步」，而我不喜歡的是以前的作品大多很「膚淺」。很不幸的，學生的主題論述不只牽強造作，還充滿教條。每一個學生必須運用

相同的陳述：**書名「夜」，是個好書名，因為……**。這對作者還有讀者（我！）都味如嚼蠟。

當我確定校長首肯讓我進行另一項「試行」、進一步的「實驗」後，我在 2005 年的夏天閱讀所有我能找到、適合各種年齡閱讀的大屠殺倖存者回憶錄，包含《夜》在內共有六本。我訂購了充分數量的書籍供我的學生在課堂選讀，同時也確保學生維持三到四人的討論小組（這是從美國內戰實驗得到的重要教訓。）

在學生選擇想讀的回憶錄之前，我告知他們在終點活動中必須撰寫小論文，並且必須引用書中的證據來支持自己的主題論述。為了引導學生（並且提供機會，讓他們一邊閱讀一邊舉出寫在「便利貼」上的證據），我提出一個總括性問題：**倖存者有哪些必要的特質？**

接著就展開我教學生涯中最開心的一段時光。學生對於自己有機會選讀書本感到非常興奮。我有適合各種不同程度的讀本；同時我認知到女生樂於閱讀男性或女性的故事，但是男生對男性的故事比較有興趣，我也小心的注意男女倖存者的平衡。而小組討論由學生決定方向，並由學生主持。小組之間的「交叉對話」使學生對彼此的倖存者產生興趣，進而吸引多位學生閱讀其他的回憶錄。

我運用繪本《克拉辛斯基廣場上的貓咪》（*The Cats in Krasinski Square*）教學生如何蒐集、引用證據以應用在小論文中，結果成效奇佳。學生寫出關係（家人、朋友及陌生人）、人的境況、愛（與恨）的深度、家庭的牽絆以及隱含的責任、希望、勇氣等等。

對我來說，已無回頭路！不再有核心小說、不再漠視學生喜歡不喜歡、不再忽略學生是否具備閱讀能力而硬拉著所有人看完整本書。

然後我們從《夜》這本書開始教，並決定新的單元標題是「大屠殺」（The Holocaust）。兩個錯誤因而浮現：首先這是一個主題（而不是概念），其次這是個社會學科的主題，不是語文的重點。

接著我們嘗試「寬容」（Tolerance）這個文學的概念，但是寬容在大屠殺中並不多見。

最後，我們決定將學習單元定名為「人道對比非人道：來自 / 屬於大屠殺的回憶錄」（Humanity Versus Inhumanity: Memoirs of/from the Holocaust）。概念透鏡則是批判性立場（critical stance）。

在此時，最大的絆腳石是課堂中的教師不願意放棄掌控權。教師對直接教學最自在也最熟悉，但是概念為本課程要求他們放棄這個角色——他們必須成為在學生身邊的嚮導，而不是在台上的智者。

讓教師朝向這個新觀點改變頗為困難，帶著些許最後一搏的心情，大家建議我們從每個年級找到老師們感到自在、並且可以融入概念性單元（就像我對《夜》這個單元的嘗試）的一本小說開始。

八年級：《梅崗城故事》併入成年 / 觀點這個單元。

七年級：《黑鳥湖畔的女巫》和《我的兄弟山姆死了》併入歷史小說單元。《小教父》與《至高王》則併入一個探討善與惡的概念性單元，或如同目前安排的「人性是共通的嗎？」（Is Human Nature Universal?）

六年級：《我愛貓頭鷹》（Hoot）併入一個社會變遷單元。

五年級：《手斧男孩》（Hatchet）併入有關生存的單元（特別聚焦於人類與自然的衝突）。

接著我們開始重新撰寫課程的旅程——一個艱難但有意義、且具成就感的歷程。概念為本的課程深入表層的教學與學習，正是這層獨到的深度需要設計者與教學者的投入與智慧。

我相信若鄉波國中的教師比較沒有「接受」概念為本課程的問題，因為（在教師以及教師領導者的角色上）我自己已經「瞎搞」了一陣子，學習到什麼不可

我相信若鄉波國中的教師比較沒有「接受」概念為本課程的問題，因為（在教師以及教師領導者的角色上）我自己已經「瞎搞」了一陣子。

行、也微調了可行的部分。我不是一個告訴教師們應該做什麼的權威角色；我是率先嘗試的實行者，然後去修改，因而可以幫助教師們解決問題與疑慮。我對學生的成果感到非常興奮，於是投身這種教學方式，而我的興奮繼續感染擴散。

我們六、七、八年級學生在本州閱讀測驗的優異成績，對新課程的正向結果提供了證據與支持。

概念為本英語文課程最美好的部分之一，是我們可以不斷在單元中增加文本。兩年前，我們添購《飢餓遊戲三部曲》（*The Hunger Games*）作為七年級「人性是共通的嗎？」單元的擴充選擇。這本 / 系列書籍已經改編成電影，非常有助於吸引學生閱讀。

最後，我要分享一位校長的成功故事和奮鬥過程。他展現了勇敢且熱情的領導，以確保概念為本課程在學校的所有學科具體實踐。安東尼·薩律特宇（Anthony Salutari）是康乃狄克州梭斯貝里學區若鄉波國中的校長，也是前述黛博拉所任教的學校。他致力於追求教與學的卓越並且「言行一致」，確保校內同仁都能獲得成功且紮實的實施概念為本課程所需的架構與支持。

我開始擔任目前的國中校長職務時，許多學科領域的課程正在改寫階段。改寫的重點是從較為傳統的課程（目標列表）變成概念為本的課程設計。這是個重大的變革，因而導致許多教師輕重不一的壓力。

在過去這六年，我目睹如今持續運用概念為本課程的教師自在程度上的巨大進展。這種自在程度帶來教學成效的進展，並對學生表現帶來極為正面的影響。回顧過去六年，我相信有幾個關鍵面向對改善教學以及學生表現貢獻卓著。從資歷上看，我在概念為本課程的專業面頂多只懂皮毛；

關鍵的是，負責開發課程的同仁都是箇中專家。這一點在第 15 學區的確如此。一旦優質課程到位，我採取的第一步就是清楚溝通，所有教師都必須遵循這套課程的期待。這一點應是理所當然，但如果教師沒有被告知明確的期待，有時教師會教自己想教的東西。除了建立實施既定課程的期待，我也改變了團隊會議的時間。具體來説，每週三天，每天一堂課，教師必須參與各年級與各科目召開的會議，並且在會議中必須參考既定課程來規劃接下來的教學單元與評量，每個月必須呈交給我會議記錄。在會議記錄中，教師必須要能確定他們教到課程的什麼地方，並且説明他們所辨識到對進度的憂慮。一段時間過後，學科領域會議的討論變得更專注於課程實施的一致性，以及共同評量的實施。這樣讓教師有機會在共同評量的基礎上檢視學生的表現，並且根據學生的需求調整接下來的教學單元。

一開始，教師們對這團隊會議的新焦點有些不情願，但幾年過去了，教師們變得非常珍惜這段全心投入教與學的時間。我們依循學校的專業學習社群模式，將會議時間安排在白天。如果沒有提供額外的規劃時間，不太可能期待同年級、同領域內容的教師持續施行課程並且運用相同的評量。值得一提的是，這裡所謂的團隊會議時間是額外附加的，而不是取代原有的備課時間。

我很注重依據年級與學科內容對教師進行觀課。不論是在教學內容或者教師步調上，如果我注意到有任何差異，都會立即提醒他們，並期待他們能夠提出具體解釋。很幸運的是，我們在每個學科領域都有教學領導教師（instructional teacher leaders, ITLs）。我可以和他們分享我的觀察，而他們可以將我的建議加到月會的議程中。我的觀察不是為了「抓到小辮子」，而是為了確保清楚建立的課程實施目標的確在課堂上發生。進入課堂讓我看到教師們在課程實施上的進步。我也強調必須將可以觀察到的特定課程實踐列入觀課紀錄。教師們很喜歡收到這樣的回饋，同時這也是強化我們對課程應用既定期待的方法。過去幾年來，持續提醒教職員運用課

程的重要性已經成為一項重點。因為我們的英語文概念為本課程提供學生更多的選擇，我必須努力確保教師能獲得他們在不同課程單元中所需的教材。

> 因為我們的英語文概念為本課程提供學生更多的選擇，我必須努力確保教師能獲得他們在不同課程單元中所需的教材。

　　專業成長是支持概念為本課程實踐的最佳機會。在校內跟教師的談話中，我們得到一個結論——所有同仁一起參與專業成長不一定是最能利用時間的方法。經過一段時間，我們從成效不彰的全員專業成長，轉向依學科領域和年級召開會議。在這段會議時間，教師們直接運用課程來規劃接下來的教學單元與評量。在教師們學習以及進行修訂課程時，我們的教學領導教師和閱讀輔導教師會提供他們協助。教學領導教師的支援配合專業成長安排的整體改變，特別具有重要價值。我也鼓勵全校行政人員在規劃專業成長時，可以考慮這個模式。

　　我們從較為傳統的課程轉變成概念為本的課程容易嗎？的確不容易。值得嗎？當然！幸運的，當我踏出辦公室探訪

> 我們從較為傳統的課程轉變成概念為本的課程容易嗎？的確不容易。值得嗎？當然！

課堂時，我越來越驚艷於課堂中發生的教學品質。學生被期待進行更高層次的思考與學習，教學聚焦於促進學生**理解**，而非記憶資訊。內容和教材都允許學生進行選擇，使學習變得更有趣、也跟學生更密切相關。此外，正如我之前談到的，我們的測驗成績進步了。舉例來說，六年前，我們學校的學生在本州閱讀測驗達到目標層級的比例大致徘徊在 70% 到 80% 範疇之間。我們穩定的進步，最近三個年級在本州測驗的閱讀分數達標比例都超過 90%。我對這顯著的進步印象深刻，我有信心學生的表現會繼續進步。

我們的成功來自於優質的課程、持續而聚焦的專業成長、共同備課時間、明確訂定的目標、表彰成功，以及全體同仁依據學生最大利益進行決策的共同意願。我仍然不是一個概念為本的課程專家，但我竭盡所能的深化我的理解，因為我所目睹若鄉波國中的改善，正是持續實施概念為本課程的直接結果。

我非常感謝這些紀錄背後的專家，以及那些我有幸與其共同設計概念為本課程的教師的成功故事。他們總是擴展我的思考、提供令我驚艷的洞見，並讓我更堅定這一切是有可能的信念——是他們幫助這本書呈現出整全的想法。

參考文獻

Anderson, L. W., & Krathwohl, D. R. (Eds.). (2001). *A taxonomy for learning, teaching, and assessing: A revision of Bloom's taxonomy of educational objectives.* New York: Addison Wesley Longman, Inc.

Bransford, J. D., Brown, A. L., & Cocking, R. R. (Eds.). (1999). *How people learn: Brain, mind, experience, and school.* Washington, DC: National Academies Press.

Common Core State Standards Initiative. (2010). *Common Core State Standards for English Language Arts.* Retrieved from http://www.corestandards.org/assets/CCSSI_ELA%20Standards.pdf

Erickson, H. Lynn. (2007). *Concept-based curriculum and instruction for the thinking classroom.* Thousand Oaks, CA: Corwin Press.

Erickson, H. Lynn. (2008). *Stirring the head, heart, and soul: Redefining curriculum, instruction, and concept-based learning* (3rd ed.). Thousand Oaks, CA: Corwin Press.

Glatthorn, A. A. (1987). *Curriculum renewal.* Alexandria, VA: Association for Supervision and Curriculum Development.

Harris, T., & Hodges, R. (1995). *The literacy dictionary: The vocabulary of reading and writing.* Newark, DE: International Reading Association.

Hattie, J. A. (2009). *Visible learning: A synthesis of over 800 meta-analyses relating to achievement.* New York: Routledge.

Kotter, J., & Rathgeber, H. (2005). *Our iceberg is melting: Changing and succeeding under any conditions.* New York: Saint Martin's Press.

Lanning, L. A. (2009). *Four powerful comprehension strategies for struggling readers Grades 3–8: Small group instruction that improves comprehension.* Thousand Oaks, CA: Corwin Press.

Marzano, R. J. (2003). *What works in schools: Translating research into action.* Alexandria, VA: Association for Supervision and Curriculum Development.

Newmann, F. M., Smith, B., Allensworth, E., & Bryk, A. S. (2001). Instructional program coherence: What it is and why it should guide school improvement policy. *Education Evaluation and Policy Analysis, 23*(4), 297–321.

Perkins, D. (1992). *Smart schools: Better thinking and learning for every child.* New York: Free Press.

Perkins, D. (2009). *Making learning whole.* San Francisco: Jossey-Bass.

Schmoker, M. (2011). *Focus: Elevating the essentials to radically improve student learning.* Alexandria, VA: Association for Supervision and Curriculum Development.

Shoemaker, J. E., & Lewin, L. (1993). Curriculum and assessment: Two sides of the same coin. *Educational Leadership, 50*(8), 55–57.

Sternberg, R. J. (1996). Attention and consciousness. In R. J. Sternberg (Ed.), *Cognitive psychology* (pp. 68–107). New York: Harcourt Brace.

Turner, J. (2003). *Ensuring what is tested is taught: Curriculum coherence and alignment.* Arlington, VA: Educational Research Service.

Zazkis, R., Liljedahl, P., & Chernoff, E. (2007). *The role of examples in forming and refuting generalizations.* Retrieved from http://blogs.sfu.ca/people/zazkis/wp-content/uploads/2010/05/2008-zentralblatt-didaktic.pdf

國家圖書館出版品預行編目（CIP）資料

設計概念為本的英語文課程：符合課綱標準與智識整全性/洛慧絲‧蘭寧（Lois A. Lanning）著；劉恆昌，李憶慈，李丕寧譯. -- 初版. -- 新北市：心理出版社股份有限公司, 2022.10

面；　公分. --（課程教學系列；41340）

譯自：Designing a concept-based curriculum for English language arts : meeting the common core with intellectual integrity, K-12

ISBN 978-626-7178-12-6（平裝）

1.CST: 英語教學　2.CST: 教學設計　3.CST: 課程規劃設計　4.CST: 中小學教育

523.318　　　　　　　　　　　　　　　　　　　　　　　　111013390

課程教學系列 41340

設計概念為本的英語文課程：符合課綱標準與智識整全性

作　　者：洛慧絲‧蘭寧（Lois A. Lanning）
譯　　者：劉恆昌、李憶慈、李丕寧
執行編輯：陳文玲
總 編 輯：林敬堯
發 行 人：洪有義
出 版 者：心理出版社股份有限公司
地　　址：231026 新北市新店區光明街 288 號 7 樓
電　　話：(02) 29150566
傳　　真：(02) 29152928
郵撥帳號：19293172 心理出版社股份有限公司
網　　址：https://www.psy.com.tw
電子信箱：psychoco@ms15.hinet.net
排 版 者：菩薩蠻數位文化有限公司
印 刷 者：辰皓國際出版製作有限公司
初版一刷：2022 年 10 月
I S B N：978-626-7178-12-6
定　　價：新台幣 280 元